Letras, ofícios e bons costumes

CIVILIDADE, ORDEM E SOCIABILIDADES

NA AMÉRICA PORTUGUESA

Thais Nivia de Lima e Fonseca

Letras, ofícios e bons costumes

CIVILIDADE, ORDEM E SOCIABILIDADES
NA AMÉRICA PORTUGUESA

FAPEMIG

autêntica

Copyright © 2009 Thais Nivia de Lima e Fonseca

PROJETO GRÁFICO DE MIOLO E CAPA
Christiane Costa

EDITORAÇÃO ELETRÔNICA
Christiane Costa

REVISÃO
Dila Bragança de Mendonça

EDITORA RESPONSÁVEL
Rejane Dias

Revisado conforme o Novo Acordo Ortográfico.

Todos os direitos reservados pela Autêntica Editora.
Nenhuma parte desta publicação poderá ser reproduzida,
seja por meios mecânicos, eletrônicos, seja via cópia
xerográfica, sem a autorização prévia da Editora.

AUTÊNTICA EDITORA LTDA.
Rua Aimorés, 981, 8º andar . Funcionários
30140-071 . Belo Horizonte . MG
Tel: (55 31) 3222 68 19
Televendas: 0800 283 13 22
www.autenticaeditora.com.br

F676 l	Fonseca, Thais Nivia de Lima e Letras, ofícios e bons costumes : Civilidade, ordem e sociabilidade na América portuguesa / Thais Nivia de Lima e Fonseca . – Belo Horizonte : Autêntica , 2009. 176 p. ISBN: 978-85-7526-413-3 1.Educação-Brasil Colônia. 2.Educação-Brasil-História. I.Título. CDU 37(81)(091)

Elaborada por Rinaldo de Moura Faria - CRB-6 nº 1006

— Sumário —

Introdução
A população "deseducada" da América portuguesa 7

Capítulo I
Civilização e educação nos setecentos 15
    A civilidade moderna e a formação do "novo" súdito 15
    Discurso civilizador e práticas educativas na América portuguesa 30

Capítulo II
Civilizar e educar os súditos na América portuguesa:
reformas, impactos, cotidiano 49
    Historiografia das reformas pombalinas da educação 49
    As reformas e seus impactos: aulas régias e professores
    na América portuguesa 61
    Professores régios e os modelos de bons costumes 80

Capítulo III
Pobres ou abastados, os súditos se instruem e se
educam na Capitania de Minas Gerais 101
    Civilizar e educar os órfãos e os pobres 101
    Letras, ofícios e bons costumes longe da educação estatal 127

Anexo 153

Abreviaturas 155

Sumário de tabelas, gráficos e mapas 157

Fontes de pesquisa 159

Referências 165

——— Introdução ———

A população "deseducada" da América portuguesa

Privilegiado pela historiografia brasileira de forma geral, o período colonial não tem despertado interesse nos historiadores da educação na mesma proporção, ao contrário do que ocorre com o Império e com o período republicano. Como se verifica nos balanços historiográficos e nas coletâneas, são mais raros os trabalhos sobre a educação antes da independência e, mais raras ainda, obras inteiras a ela dedicadas.[1] Uma parte importante da produção historiográfica sobre o período colonial se concentra na análise sobre a atuação educacional da Companhia de Jesus no Brasil e nas reformas promovidas pela administração do Marquês de Pombal, na segunda metade do século XVIII. A maioria, focada nas ações do Estado ou da Igreja, deixa de lado ou em segundo plano, outras dimensões dos processos educativos possíveis na América portuguesa.

---

[1] Isso pode ser constatado nos anais dos principais eventos científicos das áreas de História e História da Educação, realizados regularmente, como o *Congresso Luso-Brasileiro de História da Educação, o Congresso de Ensino e Pesquisa em História da Educação em Minas Gerais* e o *Congresso Brasileiro de História da Educação,* e nos eventos científicos da Associação Nacional de História (*Encontro Regional de História* e *Simpósio Nacional de História*). Neles a proporção de trabalhos sobre o período colonial em relação ao total de inscritos e/ou apresentados varia de 1% a 2%, em média, uma parcela muito pequena. A mesma tendência já havia sido observada no levantamento feito por Denice Catani e Luciano Mendes de Faria Filho sobre a produção em História da Educação apresentada no GT de História da Educação, nas reuniões da Associação Nacional de Pós-Graduação e Pesquisa em Educação, entre 1985 e 2000. Os trabalhos abrangendo o período entre os séculos XVI e XVIII representaram apenas 3,2% do total de 156 (CATANI; FARIA FILHO, 2005).

Algumas linhas mestras podem ser notadas desde os mais antigos textos, como o de José Ricardo Pires de Almeida, de 1889. O caráter brutal e despótico da colonização explicaria em parte o desprezo da coroa portuguesa para com a instrução no Brasil, deixando essa tarefa aos jesuítas, apresentados com indisfarçáveis elogios ao seu pioneirismo e eficácia. A ênfase no papel da Companhia de Jesus reforça a visão da sua expulsão como se tivesse provocado a decadência da instrução na colônia, situação que começaria a se modificar somente com a vinda da corte para o Brasil, em 1808. Essa abordagem está presente em muitos dos textos escritos posteriormente, inclusive em alguns recentes, repetindo pontos já questionados e revistos pela historiografia do período colonial, por exemplo, o da dependência e da dominação absoluta na relação colônia-metrópole. Alguns textos posteriores – como os de Laerte Ramos de Carvalho e Antônio Alberto Banha de Andrade, centrados nas políticas pombalinas e marcados por uma atenção mais cuidadosa com a documentação – acabaram confluindo para conclusões muito próximas de seus antecessores, no que diz respeito à relação entre o Estado e a Igreja no âmbito da educação no período colonial.

Outros autores adotaram uma postura similar, porém contrária, ao valorizar mais enfaticamente a ação do Estado, especialmente durante a administração do Marquês de Pombal, em detrimento da ação da Igreja, apontada como obstáculo ao progresso cultural, em vista de sua resistência às ideias ilustradas, na segunda metade do século XVIII. Os jesuítas teriam sido, assim, os instrumentos do atraso cultural de Portugal, justificativa mais que suficiente para sua expulsão em 1759. O fato de as políticas pombalinas relativas à educação não terem alcançado os resultados esperados não diminuiria a sua importância como tentativa de promoção do desenvolvimento do Império português. É o que observamos, por exemplo, no texto de Hélio Vianna, de 1945, marcado, além de tudo, por um indisfarçável ufanismo e pela visão evolucionista de história.

Esses são textos evidentemente datados e inscritos numa tradição historiográfica na qual as instituições dominantes – o Estado e a Igreja – são os principais sujeitos. Concentram-se nas áreas onde a atuação dos jesuítas foi mais acentuada, tanto no que diz respeito à sua ação catequética junto aos indígenas, quanto na organização dos colégios, frequentados pelas elites coloniais e, em geral, responsabilizam o governo português pelas falhas no tocante à educação, por considerá-la em sua perspectiva quase exclusivamente institucional, isto é, a educação escolar. Além disso, deixam entrever que seu olhar sobre o passado está fincado em concepções do presente, pois atribuem ao Estado funções que ele efetivamente só assumiria de forma definitiva com o fim do Antigo Regime, com o liberalismo, como a organização de um sistema público de educação. Mesmo textos como os de Luiz Antônio Cunha, que foram publicados originalmente no final da década de 1970 e tratam do ensino dos ofícios mecânicos, são fundados em estudos tradicionais sobre a educação na colônia e a colonização de uma forma geral.

Mais recentemente, vemos avançar os estudos sobre a educação no período colonial, considerando a verticalização da análise sobre a educação de natureza não só escolar, em seus vários níveis, mas também não escolar, presente nas práticas sociais e culturais cotidianas. Ainda não são numerosos, mas são trabalhos que fundam novas bases sobre as quais a investigação dessa temática poderá ser construída. Tratarei desses estudos ao longo deste livro.

Levando-se, pois, em conta, os avanços da historiografia e outras possibilidades de abordagem sobre a educação naquele período, entendida em seus múltiplos sentidos, surgem inevitavelmente muitas perguntas: se as práticas de leitura eram importantes na sociedade colonial, como se obtinham as capacidades da leitura e da escrita? Uma vez que a circulação de livros não era restrita às chamadas elites intelectuais, que práticas tinham outros segmentos sociais e que estratégias desenvolviam para a obtenção do letramento[2], ou seja, como os diferentes segmentos da sociedade colonial se aproximavam desse tipo de instrução? Quem

---

[2] Os estudos mais recentes sobre a leitura e a escrita têm demonstrado a complexidade do fenômeno comumente denominado "alfabetização", indicando a existência de níveis e dimensões diferentes, o que tem redefinido os conceitos, com o uso recorrente hoje da ideia de "letramento". Ver, sobre essa questão: MAGALHÃES (2000, p. 515-537); BATISTA; GALVÃO (2002); ABREU; SCHAPOCHNIK (2005); ABREU (1999); SOARES (2004, p. 5-17).

a ministrava e em que condições? Como agiu o Estado, antes e depois das reformas pombalinas? A ocupação de mestre ou professor constituía a única fonte de sustento dos indivíduos que a ela se dedicavam? Que redes de relações eram tecidas em torno das diferentes práticas educativas? Não havendo escolas profissionais nem corporações à maneira europeia, de que forma ocorria e como se organizava o aprendizado dos ofícios mecânicos? Para além das práticas tradicionais da educação feminina, que outras possibilidades teriam as mulheres? Quais as formas de atuação do Estado e da Igreja no uso da educação como estratégia de civilização dos povos nesta parte do Império português? Quais as possibilidades de inserção de negros e mestiços, livres ou escravos, em alguma modalidade de educação e que utilidade teria para eles? Como a população, de acordo com sua qualidade e condição, tirava proveito do acesso a alguma forma de educação, letrada ou não, naqueles tempos?

Este livro tem a pretensão de buscar algumas respostas para algumas dessas perguntas. Ele é o resultado do investimento na documentação disponível no Brasil e em Portugal – parte dela já bem conhecida de muitos historiadores – abordada sob o ponto de vista de uma concepção mais alargada de educação, que contempla tanto a educação de natureza escolar quanto as práticas educativas não escolares, presentes no cotidiano, envolvendo ou não instituições como o Estado e a Igreja, irmandades e ordens leigas e grupos profissionais.

Numa perspectiva ampliada, a ideia das práticas educativas aparece como tributária do conceito de práticas culturais, desenvolvido tanto por historiadores quanto por sociólogos, como Michel de Certeau, Pierre Bourdieu e Roger Chartier, principalmente.[3] Respeitando as diferenças entre eles, considero adequadas aos meus propósitos suas definições das práticas como "maneiras de fazer" cotidianas dos sujeitos históricos, relacionadas social e culturalmente, na construção de seus espaços, suas posições e suas identidades. Analisadas como práticas culturais, as práticas educativas também implicam o estabelecimento

---

[3] Há claras confluências e mútuas influências entre as obras desses autores. Para a reflexão sobre as práticas educativas como práticas culturais, baseio-me em: BOURDIEU (1980, 2004); CERTEAU (1980, 1996); CHARTIER (1990).

de estratégias, entendidas de forma genérica como os movimentos de elaboração/execução das práticas. De Certeau tem sido referência frequente quando se trata de construir análises que utilizam a ideia de *estratégia*, que ele definiu contrariamente à ideia de *tática*, associando a primeira a condições objetivamente elaboradas e relacionadas ao poder, e a segunda, a ações circunstancialmente calculadas para o aproveitamento de oportunidades. Se é possível, como pensam alguns, interpretar essas duas noções como formas diferentes de lidar com relações de poder, penso que dicotomizar o seu uso leva ao risco de ler como estáticas situações complexas e dinâmicas. Por isso, não obstante me inspire nessas definições, prefiro utilizar a ideia de estratégia para qualificar práticas educativas como ações de grupos ou de indivíduos, de diferentes segmentos, relacionadas com as diversas esferas diferenciadas de poder, institucionalizado ou não. Julgo adequada a ideia de estratégia inspirada em Bourdieu, não exclusivamente

> [...] como o produto consciente de um cálculo custo/benefício, mas tampouco como o mero efeito de determinações estruturais. Se certas ações podem ser fruto de decisões explícitas e racionais, outras decorrem do processo de interiorização das regras do jogo social e revelam a intuição prática (o *sens du jeu*) que marca o bom jogador, o estrategista. (NOGUEIRA, 2002, cap. 3)

Acrescento que, além do chamado "jogo social", são extremamente importantes as ingerências culturais, ligadas aos valores, crenças e costumes na formulação das estratégias dos diferentes grupos e indivíduos. Resulta adequada a utilização de outro conceito também presente no pensamento dos autores citados e que está em íntima relação com o conceito das práticas culturais: o de apropriação, que tem sua operacionalidade demonstrada na análise das resultantes das práticas e das estratégias nos usos que os sujeitos fazem dos elementos que lhes permitem construir lugares e identidades.

O estudo assim fundamentado, implica a análise de estratégias e práticas educativas, processos que, realizados ao longo de tempos mais dilatados, fizeram parte da formação cultural brasileira. A investigação sobre a educação no período colonial pode, assim, levar em conta a diversidade e as particularidades da sociedade brasileira de então, considerando-se também suas especificidades regionais. Isso significa colocar, no centro das problematizações possíveis, a existência de ideias acerca de uma educação escolar de matriz europeia, calcada em seus modelos de civilidade e progresso, em seus preceitos políticos e morais e sua implantação numa sociedade mestiça, que relia e reelaborava os pressupostos europeizantes, no contexto de outras práticas. Dessa maneira, muitas delas podiam adquirir novos significados, mesmo quando mantinham suas formas originais, incorporando valores advindos tanto de suas matrizes europeias quanto de outras referências culturais. Nesse sentido, o papel de grupos e de indivíduos é crucial para a compreensão desses movimentos na perspectiva de mudanças e de permanências, atuando como mediadores entre tempos, espaços e culturas.

Como, no decorrer da pesquisa, abriu-se a possibilidade – certamente irresistível – de trazer questões referentes a diversas capitanias, achei por bem deixar que elas aparecessem nos dois primeiros capítulos, por meio da documentação utilizada para tratar tanto dos discursos quanto das práticas em relação à civilização e à educação dos povos da América portuguesa. Em alguns momentos, o escopo da documentação, expressão da verticalização da pesquisa em relação à Capitania de Minas Gerais, levou à ênfase da análise das manifestações das diversas formas de educação nessa região. É o que caracteriza as duas últimas partes do capítulo II e todo o capítulo III.

A pesquisa que, entre outras coisas, deu origem a este livro, iniciou-se em 2004 com o levantamento sistemático de fontes em arquivos brasileiros, principalmente em Minas Gerais e no Rio de Janeiro, e estendeu-se a partir de 2005, para os arquivos portugueses. Durante esse período, contei com o apoio imprescindível das agências de fomento, sem as quais não seria possível a realização de viagens nem a reprodução de documentos, a organização dos dados, a socialização dos resultados nos encontros científicos. Por isso, destaco o apoio do CNPq, que me beneficiou com recursos do Edital Ciências Humanas; o Programa Institucional de Bolsas de Iniciação Científica da Universidade Federal de Minas Gerais, por meio do qual tem sido possível manter bolsistas durante todo o período de realização da pesquisa com bolsas do CNPq e da FAPEMIG; a CAPES, que me concedeu bolsa de pós-doutoramento em Portugal, o que permitiu o levantamento de considerável documentação; a FAPEMIG, responsável pela maior parte dos recursos obtidos, por meio de seus programas de fomento do Edital Universal e do Programa Pesquisador Mineiro, tornando possível a realização de parte significativa da pesquisa e a publicação deste livro. Recentemente, contei também com o apoio do Arquivo Público Mineiro (APM), que abrigou as informações sobre o projeto de pesquisa coordenado por mim em seu SIA-APM. *O guia de fontes para a História da Educação na Capitania de Minas Gerais*, resultado do levantamento de fontes realizado, está disponível para consulta na Sala de Referência do APM, em Belo Horizonte e na sede do Grupo de Estudos e Pesquisas em História da Educação (GEPHE), na Faculdade de Educação da UFMG.

Em alguns momentos do processo, foi possível constituir uma equipe de trabalho, que contou com diversos bolsistas de iniciação científica, alunos do Programa de Pós-Graduação em Educação em Educação da UFMG e colegas do GEPHE e de outros departamentos, com participação direta ou indireta na discussão. Articulando monografias, dissertações e projetos de pesquisadores experientes, o trabalho tem permitido ampliar o olhar sobre a educação e as práticas educativas na América portuguesa. Que fique, então, o registro da participação empenhada de Aleana Jota Moreira, Fernanda Cesário Diniz, Mateus Silva, Mayara Martins, Cláudia Fernanda de Oliveira, Marcela Mazzilli Fassy, João Renato Alencar, Raissa Maria da Silva Xavier, Kelly Lislie Júlio, Paola Andrezza Bessa Cunha, Cláudia Maria das Graças Chaves, Ana Cristina Pereira Lage, Carla Starling de Almeida, José Newton Coelho Meneses, Cynthia Greive Veiga, Luciano Mendes de Faria Filho, Justino Pereira de Magalhães e Guilherme Pereira das Neves. No Grupo de Estudos e Pesquisas em História da Educação, temos encontrado o espaço para o debate sistemático sobre a pesquisa no campo da História.

— Capítulo I —

Civilização e educação nos setecentos

A civilidade moderna e a formação do "novo" súdito[1]

A expansão da produção intelectual influenciada pelo pensamento moderno, entre os séculos XVII e XVIII teve na discussão sobre a difusão do saber científico uma de suas principais questões, não somente quanto aos seus diferentes modelos de enunciação como também quanto à liberdade de expressão e aos diferentes métodos de socialização desse saber. Nesse sentido, ganharam peso as reflexões e as proposições acerca dos métodos de estudos, que tiveram papel fundamental no desenvolvimento de ideias acerca das condutas sociais e da educação desejáveis para os diversos grupos da sociedade. Tiveram importância, também, no processo político de implementação das reformas levadas a efeito em vários estados europeus, entre eles, Portugal, na segunda metade do setecentos. A preocupação com o tema dos métodos de estudos refletia, na realidade, a importância atribuída à educação, compreendida para além de sua versão escolar, cuja missão seria

> [...] modelar uma nova humanidade conforme os modelos mais otimistas e utópicos, até a este grau de aperfeiçoamento geral que representa, segundo a expressão de Condorcet, o fim último de toda instituição social. (ROGGERO, 1999, p. 239-240, tradução nossa)

Nessa perspectiva universalista, ampliada com o iluminismo, a educação seria um instrumento para a organização harmoniosa da sociedade, tendo como objetivo a promoção do bem comum. Para tanto, a educação

---

[1] Uma parte desta seção foi apresentada preliminarmente no colóquio *VII Jornada Setecentista*, realizado na Universidade Federal do Paraná, em 2007.

escolar teria que sair da esfera religiosa para a secular e seria, então, um meio de permitir a realização da "unidade moral da nação, unindo as constelações de indivíduos em uma comunidade" (ROGGERO, 1999, p. 241). Além disso, percebia-se a importância da disseminação de valores e normas de comportamento, que também teriam suas vias de ação nas formas menos institucionalizadas da educação.

Essas duas dimensões – promover a união dos indivíduos em sociedade e disseminar valores e normas de comportamento – integravam as funções atribuídas à ação civilizadora. As concepções de civilidade e de civilização, na segunda metade do século XVIII expressavam a trajetória de um pensamento que teria se estabelecido como expressão de um processo vivenciado social e culturalmente desde alguns séculos, conforme observou Norbert Elias (1990). Segundo ele, o tema da civilidade estaria maduro o suficiente no século XVI para produzir a obra considerada marco da história da civilidade e ponto de partida para o estabelecimento social de seu significado, *A civilidade pueril*, de Erasmo de Rotterdam. Amplamente difundido desde sua primeira edição, em 1530, esse livro abriu caminho para uma vasta produção sobre regras de comportamento e formação da civilidade, voltadas em grande parte para finalidades pedagógicas e dirigidas para a educação de crianças e de jovens até o século XIX.

O entendimento acerca da civilidade presente na obra de Erasmo é o do comportamento dos indivíduos em sociedade, do corpo, seus gestos e expressões até a conversação e o relacionamento com os outros. Devido à sua abrangência e ao objetivo de "ensinar a todos um código válido para todos" (REVEL, 2004, p. 173), sem se restringir a determinados grupos sociais, Erasmo deu, como observou Elias (1990, p. 72), "um novo impulso ao conceito de *civilitas*". A ideia da obtenção da civilidade pela imitação e pelo exemplo define mais nitidamente o caráter pedagógico dessas propostas e de um processo a ser obtido por meio da educação, escolar ou não. A partir da difusão de *A civilidade pueril*, esse mesmo direcionamento foi adotado por outros autores e pode ser também observado como prática social e cultural no discurso presente fora dos quadros da produção intelectual, como será analisado na segunda parte deste capítulo.

Associada aos fundamentos cristãos, a ideia de civilidade dará o tom das instruções pedagógicas e normativas, cada vez mais frequentes em diferentes países europeus nos séculos XVII e XVIII, e além deles, nas áreas integrantes de seus domínios coloniais, incluindo a América. Nela a civilização revestia-se de caráter particular, pois significava impor normas de conduta e instrumentos de controle sobre uma população em muito diferente da europeia, pois constituída de indivíduos de fora da herança cultural do velho mundo – indígenas e africanos – e submetidos ao domínio nos campos político-administrativo e do trabalho. Na América, mesmo os europeus e seus descendentes deixavam-se influenciar por essas outras culturas. E, aos olhos das autoridades metropolitanas, perigosamente se afastavam dos padrões civilizados e moralmente aceitos. Por isso, veremos disseminado, principalmente no discurso dessas autoridades, civis e eclesiásticas, o apelo à conquista e/ou imposição da civilidade, fosse pela educação formal, fosse pelo exemplo social.

Nessa perspectiva de uma educação civilizadora, destacam-se a formação moral, entendida na sua dimensão tanto civil quanto religiosa – não necessariamente separadas uma da outra – e a formação para a civilidade que, desde o século XVII, vinha se afirmando como parte do processo de constituição de uma sociedade civil fundada sobre regras e mecanismos de controle. Antes mesmo da afirmação do pensamento iluminista, autores como Comenius (1592-1670), por exemplo, defenderam a ideia de uma formação universalizada, e sua função como criadora de um modelo de homem virtuoso, a partir do qual seria realizada a "reforma geral da sociedade e dos costumes" (CAMBI, 1999, p. 286), segundo uma ótica religiosa. Em sua *Didactica Magna*, publicada na Holanda em 1657, Comenius atribuiu à educação o papel de continuadora da obra da natureza, uma vez que ela "dá as sementes do saber da honestidade e da religião, mas não dá propriamente o saber, a virtude e a religião; estas adquirem-se orando, aprendendo, agindo. Por isso, e não sem razão, alguém definiu o homem um *animal educável,* pois não pode tornar-se homem a não ser que se eduque" (COMENIUS, 2009).[2]

---

[2] Cap. VI: O homem tem necessidade de ser formado, para que se torne homem.

Comenius, em toda a sua obra, insistiu na educação como meio de aquisição de humanidade, qualidade do ser civilizado, que o tornaria diferente daqueles seres que vivem simplesmente conforme a natureza. Para ele, as escolas seriam, portanto, "oficinas de humanidade" (COMENIUS, 2009).[3]

Outros autores seiscentistas enfatizaram a importância da educação moral, seja para as elites, como François Fénelon (1651-1715), seja para o "povo", como Jean-Baptiste de La Salle (1651-1719). Para o primeiro, os nobres deveriam aprender os preceitos morais adequados à formação nobiliária, recebendo uma educação literária, que seria trabalhada com as dicotomias do vício e da virtude, estimulando a repreensão das crianças e dos jovens sem o uso da violência, e utilizando as fábulas como instrumento para a educação moral.[4] A educação disciplinada seria instrumento eficaz no controle do comportamento social e no refinamento das relações entre os indivíduos. Esse objetivo fica claro quando Fénelon trata da educação das mulheres:

> As pessoas instruídas e ocupadas com as coisas sérias não têm, usualmente, mais que uma curiosidade medíocre. O que elas sabem lhes dá desprezo por muitas coisas que elas ignoram: elas veem a inutilidade e o ridículo da maior parte das coisas que os espíritos pequenos, que não sabem nada e que não têm nada para fazer, se apressam em aprender. Ao contrário, as meninas mal instruídas e inaplicadas, têm uma imaginação sempre errante. Carente de alimento sólido, sua curiosidade se transforma em ardor por objetos vãos e perigosos. Aquelas que têm espírito se erigem muitas vezes preciosas, e leem todos os livros que podem alimentar sua vaidade; elas se apaixonam pelos romances, pelas comédias, pelas narrativas de aventuras quiméricas. (FÉNELON, 2009, p. 10, tradução nossa)

La Salle defendia a extensão da educação a todos, como instrumento de instrução religiosa, que ajudaria no combate às religiões reformadas.

---

[3] Cap. X: Nas escolas, a formação deve ser universal.

[4] As principais obras de François de Salignac de La Mothe Fénelon, neste aspecto, são: *Traité de l'éducation des filles* (1687), *Aventures de Telemaque, fils d'Ulysse, ou, suite du quatrième livre de l'Odyssé e d´Homere* (1694) e *Dialogues des morts: composés pour l'éducation d'un prince (1692-96)*.

Preocupado com a organização das escolas e com a formação dos mestres, ele também via na educação um caminho para o cultivo das sociabilidades ordeiras e civilizadas, numa perspectiva cristã:[5]

> A decência cristã é pois uma conduta sábia e regrada que tem aparecido nos discursos e nas ações exteriores por um sentimento de modéstia, ou de respeito, ou de união e de caridade ao olhar do próximo, prestando-se atenção aos tempos, aos lugares e às pessoas com quem se conversa, e é esta decência que olha o próximo, que se chama propriamente "civilidade". (LA SALLE, 2009, tradução nossa)

Ao lado do desenvolvimento dessas ideias acerca da formação moral, delinearam-se os princípios de uma educação voltada para a formação do homem civil, apto à convivência social e íntimo das regras da civilização das boas maneiras.

A partir do final do século XVII os escritos de John Locke (1632-1704), fundados na valorização da ciência e no método empírico, influenciaram fortemente o pensamento sobre a educação moderna, particularmente aquela destinada às elites e, nesse caso, a educação do *gentleman*.[6] Locke deu particular importância à combinação de várias dimensões que resultariam numa formação adequada ao indivíduo e à nação: educação moral, educação do caráter e da mente, educação do corpo, e da instrução propriamente, considerando um conjunto de conhecimentos necessários ao *gentleman*. A concepção de educação de Locke demonstra sua compreensão das mudanças pelas quais passava a sociedade europeia do final dos seiscentos, principalmente na Inglaterra, onde o pertencimento social, até então quase exclusivamente ligado à origem de nascimento, passava a ser fundado na aquisição de bens, de conhecimento e de novas sociabilidades (CAMBI, 1999, p. 316). Locke, como outros em seu tempo, acreditava na força do bom exemplo, que, partindo principalmente das elites em direção às classes inferiores, contribuiria para o aprimoramento de toda a sociedade:

---

[5] As obras nas quais Jean-Baptiste de La Salle expôs essas ideias são: *Les règles de la bienséance et de la civilité chrétienne* (1695) e *Conduite des écoles chrétiennes* (1717).

[6] A principal obra do autor neste sentido é *Some thoughts concerning education* (1693).

> Outra maneira de instilar sentimentos de humanidade e de mantê-los vivos nos jovens, será habituá-los à civilidade em sua linguagem e conduta para com seus inferiores e pessoas mais pobres, particularmente criados. Não é incomum observar as crianças das famílias aristocráticas tratar os criados da casa com palavras prepotentes, desdém e uma postura imperial; como se eles fossem de outra raça e espécie abaixo deles. Seja o mau exemplo, a superioridade da fortuna ou a sua natural vaidade que inspire este desdém, ele deve ser evitado, ou arrancado; e uma postura gentil, cortês e afável para com os homens de condição social inferior, colocada em seu lugar. Nenhuma parte de sua superioridade será perdida desta forma; mas a distinção aumentada, e sua autoridade reforçada; quando o amor aos inferiores se junta ao respeito ao próximo, e a estima pela pessoa é compartilhada com sua obediência: e os empregados prestarão prontamente um serviço de forma mais alegre e bem disposta, assim que eles não se virem repelidos pelo fato de que a fortuna os tenha colocado num nível abaixo de outros, aos pés de seu patrão/mestre. (LOCKE, 2009, tradução de Daniel Lima)

Considerações da mesma natureza estão presentes no verbete "Civilité", da *Encyclopédie ou dictionnaire raisonné des sciences, des arts et des métiers,* dirigida por Diderot e D'Alembert (2009a, tradução nossa), e editada entre 1751 e 1772. Nele civilidade é definida como as "maneiras honestas de agir e de conversar com os outros homens na sociedade", sendo comum a todos e dizendo respeito, inclusive, às "pessoas de uma condição inferior", à maior parte dos cidadãos.

Em Portugal, mesmo antes do florescimento de uma produção intelectual, que se apresentou associada ao pensamento dos "modernos" e ao iluminismo, houve autores preocupados com a educação das crianças e dos jovens, no sentido da orientação moral e religiosa, além das vantagens dessa educação para o Estado. Suas proposições também estavam em sintonia com as concepções modernas acerca da educação como instrumento de civilização, nos quadros do conceito de civilidade, conforme vimos analisando. Destaque-se a obra do jesuíta Alexandre de Gusmão (1629-1724), *Arte de criar bem os filhos na idade da puerícia,* de 1685, destinado a pais e mestres. Não obstante a base religiosa para a educação proposta pelo autor, suas indicações orientaram-se no sentido da preparação das sucessivas gerações para a construção de uma sociedade virtuosa e sem vícios. Amparando-se nos autores antigos, como Sócrates e Platão, Alexandre de Gusmão demonstrava a importância da educação dos meninos para o Estado, para a formação de bons cidadãos, porque por meio dela, estaria garantida a manutenção dos costumes nacionais,[7] a formação dos bons dirigentes, instruídos nas leis, nas letras e na religião. A ideia do exemplo dado pelo governante, resultado da sua boa educação, seria imprescindível para todo o povo.

> [...] todas as Repúblicas bem governadas, e todos os Príncipes amantes do bem comum, procuram conservar as escolas, onde os meninos se instituem, assim nas letras, como nos bons costumes, sabendo, que estas escolas são os seminários da Religião, com que as Repúblicas se conservam. (GUSMÃO, 2000, p. 42)

Gusmão acaba direcionando sua reflexão nessa questão para a educação das elites, particularmente voltada para o sucesso da vida pública envolta na aura da civilidade. Advertindo pais e mestres, ele recomendava:

> Se vós não encaminhastes vossos filhos no principio de suas vidas pelos direitos caminhos da política Cristã, nem os formastes pelo debuxo dos filhos honrados, senão que os criastes com ditames torcidos, e pestíferas doutrinas, que cidadãos, ou que Repúblicos esperais que saiam? Esperais que saia prudente Senador, o que foi criado com ignorância? Que saiba dar documentos, o que não teve ensino? Que saiba dirigir as leis, o que não frequentou as escolas? Que saiba coibir os maus, fazer justiça, e governar a Republica, o que foi criado à vontade, entre vícios, e liberdade de vida? Isso é tão impossível como suceder, que o que foi criado negro em África, se faça na Europa branco; ou o que não soube falar Espanhol em Castela, o fale na Grécia, ou na Turquia. (p. 40-41)

No século XVIII acentuou-se o processo de laicização em curso no período moderno, e de colocação da educação cada vez mais no centro das preocupações quanto à organização da vida social. O pensamento iluminista construiu a ideia – até hoje ainda aceita – do papel

---

[7] Este termo não é utilizado por Gusmão, mas é o sentido que dá quando opõe as leis e costumes da "pátria" aos estrangeiros.

redentor da educação, de sua capacidade de promover a regeneração e a emancipação dos indivíduos, e das instituições educativas como lugares privilegiados para a formação dos sujeitos conformados à modernidade. Um dos mais importantes documentos desse contexto, a célebre *Encyclopédie*, contém um longo verbete sobre educação, no qual essas tendências mostram-se com evidência. Na definição geral do termo educação, o texto da *Encyclopédie* estabelece as relações entre a sua importância para sociedade e para o Estado, indicando as distintas funções dos diferentes tipos de educação – doméstica, escolar, do corpo, para o trabalho – tudo justificado pela necessidade da formação de indivíduos ajustados e úteis à sociedade:

> As crianças que vêm ao mundo formarão um dia a sociedade na qual irão viver: sua educação é, pois, o objeto mais interessante, 1º para eles mesmos, que a educação deverá ser tal que eles sejam úteis a esta sociedade: 2º para suas famílias, que eles deverão sustentar e honrar: 3º para o Estado, que deverá colher os frutos da boa educação que recebem os cidadãos que o integram. [...] Que felicidade para um Estado no qual os magistrados aprenderam bem seus deveres e têm hábitos; onde cada cidadão é prevenido que vindo ao mundo recebeu um talento a fazer valer; que ele é membro de um corpo político, e que nesta qualidade ele deve concorrer para o bem comum, buscar tudo o que pode favorecer a sociedade, e evitar o que pode desequilibrar a harmonia, perturbar a tranquilidade e a boa ordem! É evidente que não há nenhuma ordem de cidadãos num Estado para o qual não haja um tipo de educação que lhe seja apropriado; educação para os filhos dos soberanos, educação para os filhos dos grandes, para os dos magistrados, e educação para os filhos dos camponeses; [...] como há escolas para o aprendizado das verdades da religião, deverá haver também aquelas onde se lhes indicará os exercícios, as práticas, os deveres e as virtudes do Estado... (DIDEROT; D'ALEMBERT, 2009b, tradução nossa)

Durante a Revolução Francesa foram feitos esforços no sentido de sistematizar ideias para um plano de reorganização da educação, naquele momento já pensada como educação pública, guardando muitos dos aspectos defendidos por diversos pensadores e intelectuais da época, para a formação ampla do novo tipo de cidadão. Um dos projetos mais conhecidos foi elaborado por Marie Jean Antoine Nicolas

Caritat, Marquês de Condorcet (1743-1794), e apresentado ao Comitê de Instrução Pública da Assembleia Legislativa em 1792. Em suas *Cinco memórias sobre a instrução pública*, base para o projeto apresentado, Condorcet deixava claro seu entendimento de que a educação pública seria um meio de promoção da igualdade de direitos, favorecendo apenas distinções individuais, baseadas nas habilidades e potencialidades de cada um. Para ele, a educação também teria a função de melhorar a qualidade dos cidadãos pois,

> [...] quanto mais os homens forem dispostos, pela educação, a raciocinar com justeza, a apreender as verdades que lhes são apresentadas, a rejeitar os erros dos quais se quer fazê-los vítimas, mais também uma nação, que veria dessa forma as luzes se ampliarem cada vez mais e difundirem-se num maior número de indivíduos, deve esperar obter e conservar as boas leis, uma sábia administração e uma constituição verdadeiramente livre. (CONDORCET, 2008, p. 21)

Vários foram os autores que refletiram sobre a educação neste contexto, quase sempre apresentando propostas para a educação do homem enquanto tal e como cidadão. Louis-René de Caradeuc de La Chalotais (1701-1785), por exemplo, tratou da educação civil para a formação do cidadão, imbuído do princípio de uma educação nacional, administrada pelo Estado e caracterizada por um conjunto de estudos que incluíam as ciências modernas e a História. Segundo ele,

> Nós temos uma educação apropriada não mais que à formação dos sujeitos para a escola. O bem público, a honra da nação, requer que a substitua uma educação civil que prepare cada geração a cumprir com sucesso as diferentes funções do Estado. (LA CHALOTAIS, 2009, tradução nossa)

Nos quadros do pensamento iluminista, não há dúvida acerca da importância de Jean-Jacques Rousseau (1712-1778), considerado por muitos o "pai" da pedagogia contemporânea por sua obra clássica *Emílio ou Da Educação* (2004). Nela desenvolveu o modelo de educação natural, privilegiando a formação do homem na preservação de sua liberdade e contribuindo para uma alteração mais marcada nas concepções de infância e para a proposição de novas posturas pedagógicas. Na obra *Considerações sobre o governo da Polônia*, Rousseau tratou da educação social e política, que seria estabelecida pelo Estado, destinada à construção e à manutenção da ordem social, e que deveria "dar às almas a forma nacional, e dirigir de tal modo suas opiniões e seus gostos, que elas sejam patriotas por inclinação, por paixão, por necessidade" (ROUSSEAU, 2009, p. 17, tradução nossa).

Em Portugal, os entendimentos e as proposições dos iluministas acerca desses princípios gerais não foram unívocos, variando conforme a valorização dos ensinos público e particular, a educação para as mulheres ou o grau de intervenção do Estado na educação, por exemplo. Em outro capítulo tratarei do conteúdo de alguns manuais de civilidade circulantes e publicados em Portugal e seus domínios, associados a práticas culturais e educativas. Aqui serão analisadas as principais ideias de autores que tiveram maior impacto no que diz respeito à educação para a formação de uma sociedade civilizada e ilustrada: Martinho de Mendonça de Pina e Proença, Luís Antonio Verney e Antonio Nunes Ribeiro Sanches.

Martinho de Mendonça de Pina e Proença (1693-1743) destacou-se por seu envolvimento com o movimento intelectual europeu da primeira metade do século XVIII, divulgando em Portugal o pensamento de John Locke, Fénelon e Charles Rollin por meio de sua obra *Apontamentos para a educação de um menino nobre* (1734), e por sua participação na Academia dos Anônimos e na Academia Real de História, fundada por D. João V em 1720. Pina e Proença teve também importante atuação nos quadros político-administrativos do Império português, tendo trabalhado na Real Biblioteca, na Torre do Tombo e no Conselho Ultramarino, além de ter sido governador interino da Capitania de Minas Gerais entre 1736 e 1737.[8]

Seu *Apontamentos para a educação de um menino nobre* voltava-se para a educação preceptoral, de caráter privado, destinada a modelar a nobreza conforme princípios morais formadores do homem virtuoso.

---

[8] Neste cargo ele enfrentaria um dos momentos de maior instabilidade na região, na primeira metade do século XVIII, quando vários motins eclodiram no Sertão do São Francisco, controlados a muito custo. Ver: GOVERNO... (1896); MAXWELL (1997); CAVALCANTI (2005); ANASTASIA (1998, 2005).

Preocupado com as atitudes soberbas, vaidosas e insolentes que via na nobreza do seu tempo, ele defendia a adoção de um comportamento civilizado e cosmopolita, pela experiência adquirida em viagens, no contato com as aristocracias das nações mais polidas e no aprendizado das línguas estrangeiras. Para ele, a educação moral seria a parte mais importante da educação dos meninos nobres e, além de indicar preceitos para eles, o fez também em relação aos mestres que os deveriam educar e instruir (ARAÚJO, 2003, p. 48-50; CALAFATE, 2009c). Matérias como o latim, por exemplo, deveriam ser estudadas como meio para alcançar esses objetivos de natureza moral, assim seria possível aprender as lições dos autores antigos, "que oferecem prudentes máximas, e ilustres exemplos de prudência, moderação, e bons costumes" (PROENÇA, 1734, p. xvi-xvii).

Devido à falta de escolas específicas para os nobres naquela época, Proença recomendava que os pais não enviassem seus filhos às escolas públicas "na primeira idade", pois o convívio com outros meninos, de outras origens sociais, poderia prejudicar essa educação.[9] Segundo ele, nas escolas públicas, por mais que os mestres se esforçassem

> [...] por influir bons costumes nos discípulos, é impossível, que naquele geral concurso de meninos de diferentes condições, e idade, se não achem alguns, a quem já os vícios tenham estragado, e cujo exemplo, e sugestão poderá com pestífero contágio arruinar os primeiros fundamentos virtuosos, de quem os frequenta". (PROENÇA, 1734, p. 138)

A ideia central de educação moral sugerida por Proença aproxima-se mais da moral civil que da religiosa, visando à formação do bom servidor do soberano. Defendendo sua opção por uma educação filosófica, ele se previne afirmando que ela não se opõe à doutrina, antes prepara "os ouvidos para as advertências Cristãs, e que a razão, como escrava que varre a casa, sirva às doutrinas reveladas, às quais com profundo rendimento sujeito todos os meus discursos..." (PROENÇA, 1734, p. xxxii-xxxiii)

---

[9] O debate em Portugal sobre as especificidades da educação para os nobres culminou na criação, em 1761, do Real Colégio dos Nobres.

A educação moral dependeria também dos mestres, que deveriam ter "bons costumes, sem a menor sombra de hipocrisia, zelo, e suavidade de gênio [...]. Bondade, zelo, aplicação, paciência, e suavidade, são as qualidades de que mais se necessita, ou para melhor dizer, basta bondade" (Proença, 1734, p. 179). Proença elencava outras qualidades que deveria ter o mestre, como saber as línguas latina e grega, ser instruído em Geografia, Cronologia, História e nas ciências Matemáticas, além da Filosofia. Mas voltava sempre a enfatizar que todos esses conhecimentos de pouco serviriam, se ele não demonstrasse as qualidades e virtudes pessoais desejáveis.

Proença considerava a educação para a civilidade fundamental para a formação do menino nobre porque dependeriam dela tanto seu sucesso no seio dos estratos sociais superiores quanto seu papel futuro como leal servidor do soberano e da "república". Para ele, a verdadeira instrução pelo uso adequado da razão consistiria em desenvolver a habilidade de "aclarar as noções" e, assim, ensinar o indivíduo a "vencer os seus próprios apetites, inspirar-lhe um amor à razão, e boa ordem, ensinar-lhe os fundamentos da sociedade civil, de que nasce a obrigação de obedecer ao Soberano, e expor a vida, quando convém, à República" (Proença, 1734, p. 183-184).

Célebre por suas críticas ao modelo de ensino em vigor em Portugal, Luis Antonio Verney (1718-1792) em sua obra *Verdadeiro método de estudar* (1746), defendia a modernização cultural por meio da modernização do ensino, particularmente naquilo que afetaria o conhecimento das línguas latina e portuguesa (Calafate, 2009b). Seus argumentos, além de atacar de frente a relação pedante e superficial com o aprendizado e o uso do latim, enfatizavam a necessidade do empreendimento de um novo modelo que atentasse para o *método* adequado às letras e às ciências. Isso significaria o ensino do latim não como instrumento propedêutico, mas manter como enfatiza Laerte Ramos de Carvalho (1978, p. 64-69), como "ideal de uma pedagogia humanista", cujo estudo se faria associado ao da geografia, da história e das antiguidades grega e romana. Além disso, a proposição do estudo do latim por intermédio da língua portuguesa significava também o reconhecimento e a valorização do português como língua madura e fator de coesão de uma identidade. Não obstante seu posicionamento antiescolástico e sua oposição à pedagogia jesuítica em favor da cultura científica moderna, Verney tinha um pensamento moderado politicamente, procurando subordinar à razão princípios éticos não completamente desligados da moral cristã. De fato, secularizando-a, ele buscava associar "o alcance emancipador das Luzes com a necessidade de renovação da religião católica" (ARAÚJO, 2003, p. 56).

As ideias de Verney reforçam uma tendência desses iluministas portugueses em concentrar sua reflexão na proposição de encaminhamentos que tivessem aplicação prática. De forma similar ao que vimos na obra de Martinho de Mendonça de Pina e Proença, em *Verdadeiro método de estudar* há muitas críticas à educação desligada das preocupações com a realidade da vida da sociedade. Verney destacava essa questão particularmente em Portugal, negligente "em promover, tudo o que é cultura de engenho, e utilidade da República". Criticando os métodos então utilizados, ele destacava os problemas na formação eficiente dos quadros da administração pública, em contraste com a situação encontrada em outros países, onde "há livros, que ensinam a qualquer, a urbanidade e cerimonial do seu Reino. Como escrevem os Reis, e os Grandes entre si, e às pessoas de diferentes hierarquias mais inferiores, como os inferiores escrevem, a toda a sorte de pessoas de maior esfera, tanto Secular quanto Eclesiástica" (VERNEY, MDCCXLVIb, p. 10).

Esse mesmo pragmatismo marcou suas proposições sobre a ética e seu papel na educação, particularmente naquela fundada nos princípios da razão. Para ele, a ética não seria "aquela infinita especulação, que não estabelece máxima alguma útil, para a vida civil, ou religião", mas a parte da filosofia "que mostra aos homens, a verdadeira felicidade: e regula as ações para a conseguir" (MDCCXLVIc, p. 61-62). Ela deveria servir à instrução dos homens, ensinando em que consiste a sua suprema felicidade, e explicar as virtudes e a maneira de consegui-las, enfim, uma "coleção de preceitos, que à luz de uma boa razão" serão necessárias para se fazerem ações honestas e úteis à sociedade civil (MCCCXLVIc, p. 63). Não desvinculando essa ética dos fundamentos cristãos e dos princípios da organização da sociedade civil, Verney os considerava parte de um todo, no qual a ética seria o elemento de ligação entre a Filosofia, a Teologia Moral e a Jurisprudência. Enfatizava a necessidade de que todas fossem estudadas, de modo a formar mais completa e satisfatoriamente os homens já que estes não estão formados nas virtudes em função de seu próprio nascimento.

Ao final de sua obra, na décima sexta carta, Verney apresentava finalmente suas proposições acerca da organização dos estudos, recorrendo aos elementos sobre os quais discorrera nas cartas anteriores. Retomava, então, questões que vemos ser tratadas por outros pensadores portugueses do século XVIII, como a ideia da educação como resultante também do exemplo e das práticas coerentes com os conceitos. Afirmava, por exemplo, que nas escolas, principalmente as de Latinidades, Retórica e Poética, os mestres não deviam ser jovens, mas "homens feitos", portadores de experiência suficiente para ensinar aos moços, além de ser prudentes e destituídos de cólera. Essas qualidades seriam importantes para um mestre, na medida em que Verney condenava o uso dos castigos corporais como forma de correção de condutas. Defendia a repreensão pública aos estudantes que cometessem faltas, mas que fossem corrigidos pelo exemplo, pela persuasão e pela razão (VERNEY, MDCCXLVIa).

Vejamos, por fim, as ideias de Antonio Nunes Ribeiro Sanches (1699-1783), autor de *Cartas sobre a educação da mocidade* (1760), na qual está também presente a diretriz reformista e pedagogista, que marcou o pensamento iluminista em Portugal (CARVALHO, L. R., 1978; CALAFATE, 2009a). Ribeiro Sanches analisou a organização da sociedade civil na perspectiva da teoria do contrato social, e o Estado civil daí decorrente – uma monarquia sacralizada –, tendo que zelar por sua conservação, deveria então cuidar da educação de seus súditos a fim de que fossem formados para o bem público. A educação, particularmente a escolar teria, para Ribeiro Sanches, o poder normatizador da sociedade e por isso deveria ficar a cargo do Estado. Sensível ao seu tempo, via a necessidade de mudanças na educação das elites para o bem do Estado, pois este "tem maior necessidade de súditos instruídos em outros conhecimentos: já não necessita em todos eles aquele animo altivo, guerreiro, aspirando sempre a ser nobre e distinguido, até chegar a ser Cavalheiro ou Eclesiástico" (SANCHES, 1922, p. 101).

Opondo-se ao controle eclesiástico sobre a educação, propunha sua secularização – em relação a métodos, conteúdos e professores – e a sua constituição com um perfil mais pragmático, destinada a formar o súdito exemplar e o cidadão útil ao progresso do Estado. Procurava conciliar a educação civil à formação cristã, aspecto, aliás, presente no pensamento de outros iluministas portugueses, para os quais a educação moral – entendida em suas múltiplas dimensões e aliada aos fundamentos da ciência racional, deveria ser elemento de base na reforma da sociedade. Ribeiro Sanches deixava claro que pensava a reforma da educação para todo o Império português, de modo a garantir a formação de uma mocidade útil à sua pátria,

> [...] propondo a virtude, a paz e a boa fé, por alvo desta educação, e a doutrina e as ciências, como meio para adquirir estas virtudes sociáveis e cristãs. Nunca me sairá do pensamento formar um Súdito obediente e diligente a cumprir as suas obrigações, e um Cristão resignado a imitar sempre, do modo que alcançamos aquelas imensas ações de bondade e de misericórdia. (SANCHES, 1922, p. 109)

Ribeiro Sanches não concebia a educação do bom súdito e do bom cristão de forma universal, igualitária, como alguns de seus contemporâneos. Para ele, seria necessário que houvesse distinções, porque haveria risco para a conservação do Estado, se a todos os indivíduos de todas as classes sociais fosse dada a mesma instrução. Preocupava-se particularmente com os trabalhadores manuais, principal sustentáculo da economia do país. Ribeiro Sanches acreditava que o aprendizado da leitura e da escrita, para além das necessidades fundamentais, levaria os indivíduos daquele segmento social a desejar abandonar seus afazeres mecânicos, representando um risco para a sociedade. Citando exemplos de outras partes da Europa onde, segundo ele, a extensão das escolas de primeiras letras trouxera consequências danosas para a economia, advertia que particularmente em Portugal, onde era corrente a cultura do enobrecimento, se às classes subalternas fosse concedida a instrução elementar, elas almejariam a ascensão fora do trabalho manual, principalmente por meio da busca da vida eclesiástica.

Sua intenção de reforma começava, então, pela oposição à ampliação do ensino das primeiras letras e pelo ataque à qualidade dos professores, considerados até então incapazes de dirigir adequadamente a educação dos meninos. Isso porque, se o aprendizado das primeiras letras já seria um caminho para o afrouxamento do comportamento das classes subalternas, pois "todo o rapaz ou rapariga que aprendeu a ler e a escrever, se há de ganhar o seu sustento com o seu trabalho, perde muito da sua força enquanto aprende; e adquire um hábito de preguiça e de liberdade desonesta", com mestres "rudes, ignorantes, sem criação, nem conhecimento algum da natureza humana", só haveria de ser ainda mais deficiente a educação adequada ao bem público (Sanches, 1922, p. 112-113).

Se, por um lado, Ribeiro Sanches afirmava que os exemplos da família e dos mestres não eram suficientes para a educação dos meninos, por outro, enfatizava ser necessário que os grupos sociais dominantes dessem bons exemplos e servissem como instrumento educativo para o povo, que "imita as ações dos seus maiores" (p. 115). Isso demonstra seu entendimento de que a educação moral deveria ocorrer no movimento das práticas educativas presentes nas relações sociais, pois a "mocidade plebeia tenha ou não tenha mestre, os costumes que tiver serão sempre a imitação dos que vivem nos seus maiores, e não do ensino que tiveram nas escolas" (p. 115). Daí também sua preocupação com a educação das elites, pelo efeito desencadeador e multiplicador que teria sobre os segmentos sociais subalternos. Essas ideias eram compartilhadas por muitos administradores no Império português e podem ser vislumbradas em suas preocupações atinentes à manutenção da ordem no Brasil, conforme será analisado a seguir.

Discurso civilizador e práticas educativas na América portuguesa

Desde que chegaram ao continente americano, os europeus produziram farta documentação constituída de comentários sobre essa terra e sua gente. A princípio, ocuparam-se da vida e dos costumes dos indígenas, que logo seriam seu alvo privilegiado no processo da catequese como a integração forçada que promoveram durante praticamente todo o período de duração da colonização europeia na América.

Passado algum tempo, a população colonial não indígena tornou-se alvo das análises e das preocupações: embora constituída primeiramente de indivíduos de origem europeia, logo se mostrou eivada de características que a afastavam dos padrões aceitos de comportamento e de organização, provocando reações de desconforto nas autoridades civis e eclesiásticas. Contrariando suas expectativas, a ocupação do território não ocorreu no sentido da mera transplantação da civilização europeia, mas foi um processo profundamente marcado pelo encontro de diferentes culturas e pelas condições materiais concretas de vida e de trabalho nessas terras. Nas Minas Gerais, cuja ocupação iniciou-se nas últimas décadas do século XVII, a preocupação com o ordenamento da sociedade manifestou-se cedo, fortemente influenciada pelos conflitos ocorridos entre os diversos grupos que disputavam o controle da região e pela necessidade de implantação da autoridade metropolitana.

Assim, a partir do momento em que essa autoridade começou a se fazer presente, foi pródiga a produção de documentos que procuravam fazer análises detalhadas da situação não só da Capitania de Minas Gerais como também do seu entorno, em seus mais variados aspectos: da administração ao estado das atividades econômicas, da situação da vida religiosa ao comportamento cotidiano da população. Nesses documentos produzidos por diversas autoridades portuguesas durante o século XVIII, ficava evidente a preocupação com o estado de "descontrole" e de "falta de civilidade" dos domínios americanos, especialmente da região das minas. São fundamentalmente instruções de ou para governadores da Capitania ou vice-reis no Rio de Janeiro, ou escritos produzidos por ocupantes de outros cargos da administração colonial. Nesses documentos, a educação, fosse qual fosse a sua natureza, surgia como solução possível para o propalado estado de desordem e de falta de civilidade, mesmo antes que os assuntos educacionais tomassem a atenção do Estado e fossem instituídas políticas específicas, a partir da segunda metade do século XVIII, em decorrência da administração pombalina.

Os conflitos ocorridos na região das minas, nas primeiras décadas do século XVIII, motivaram o início da efetiva instalação do aparato administrativo, principalmente depois da criação da Capitania de São Paulo e Minas do Ouro, em 1709, seguida da instalação das primeiras vilas e comarcas, culminando com a criação da Capitania de Minas Gerais, em 1720. O governo de D. João V ocupou-se em instruir os governadores para lá enviados, para que agissem no sentido de impor o ordenamento e o controle sobre a população, não apenas quanto à atividade econômica central – a mineração – mas também quanto à vida social que se constituía, sobretudo nos núcleos urbanos. Alertado pela falta de civilidade da população, fato que ajudaria a explicar os motins e desordens ocorridos nos anos anteriores – como as célebres Guerra dos Emboabas e Revolta de Vila Rica – o rei enviou ao governador Dom Lourenço de Almeida, em 1721, ordem para que tomasse providências visando a educação da população, no sentido de sua civilização, ou seja, da adoção de padrões organizativos europeus, medida que ajudaria a evitar as "alterações e desobediências", provocadas por não estarem os povos das minas "suficientemente civilizados e estabelecidos". D. João V ordenava que o governador fizesse o possível para que houvesse mais casamentos, pois os casados, com maiores responsabilidades, apegavam-se à terra e às suas obrigações, ficando consequentemente mais obedientes. Informado de que "nessas terras há muitos rapazes os quais se criam sem doutrina alguma, que como são ilegítimos se descuidam os pais deles, nem as mães são capazes de lhe darem doutrina", ordenava ao governador que tratasse com os oficiais das Câmaras da Capitania "sejam obrigados em cada Vila a ter um Mestre que ensine a ler e escrever e outro que ensine latim e os pais mandem seus filhos a estas escolas e os ditos pais pagarão também aos ditos Mestres o salário correspondente" (SOBRE FAZER..., 1979, p. 229).

Dom Lourenço de Almeida, respondendo ao rei e profundamente impressionado com as formas que assumia a sociedade mineira, não parecia otimista quanto à possibilidade de levar a efeito as ordens de D. João V. Sobre os casamentos, o impedimento imediato era a falta de mulheres, e sobre isso ele nada poderia fazer. Quanto ao ensino das letras, Dom Lourenço informou que prontamente convocaria os Procuradores das Câmaras, e ordenaria que pagassem "mercês para ensinar os muitos rapazes que há". Mas, sem esperanças, receava que eles tomassem "pouca doutrina por serem todos filhos de negros, que não é possível que lhe aproveite as lições, conforme a experiência que há em todo este Brasil" (Sobre casarem..., 1980, p. 95). Essas observações indicam claramente uma das fontes de preocupação das autoridades portuguesas em relação à população da América portuguesa em geral, e da Capitania de Minas Gerais em particular: a expressiva presença de negros e mestiços que, com o tempo, foi constituindo não somente a população escrava, mas também a população livre da região.

Qualificados como naturalmente inferiores, deveriam ser alvo do controle do Estado e da Igreja, fosse pelo uso da violência, fosse por meio de estratégias destinadas à sua integração controlada, à sua civilização. Por isso, a presença constante, no discurso das autoridades, dessa relação entre a barbárie da população, o estado de constante ameaça à ordem e a necessidade de se educar e civilizar os povos, para que se tornassem súditos obedientes às reais ordens. As restrições concernentes especialmente à população mestiça não se restringiam a colocá-la sob controle por meio da religião e da instrução elementar, mas voltavam-se para impedimentos de natureza política, como expresso em ordem de D. João V, para que as Câmaras da Capitania de Minas Gerais não admitissem "homem algum que seja mulato dentro dos quatro graus em que o mulatismo é impedimento e que da mesma sorte não possa ser eleito o que não for casado com mulher branca ou viúva dela" (Sobre não entrarem..., 1979, p. 229-230). Essas preocupações constantes no discurso das autoridades coloniais foram muito intensas na primeira metade do século XVIII, quando a sociedade mineira se organizava, os núcleos urbanos se conformavam, e ainda era mais abundante a riqueza mineral que provocara a ocupação da região, mas foram frequentemente retomadas ao longo de todo o período.

Mais preocupada com a montagem e a consolidação da estrutura administrativa e com a organização da produção aurífera, a coroa portuguesa, não obstante tenha abordado a questão da civilização e educação da população mineira setecentista, não empreendeu, naquele primeiro momento, muitos esforços efetivos para a criação de qualquer que fosse a modalidade de educação institucionalizada. As ordens de D. João V podem ter tido alguma ressonância à medida que a ocupação do território e a urbanização se estabilizavam, fazendo com que muitas pessoas se apresentassem preocupadas com a instrução e a educação de seus filhos, legítimos ou não, e contratassem mestres particulares com essa finalidade. Há registros documentais importantes sobre o exercício desse tipo de magistério durante todo o século XVIII e as primeiras décadas do século XIX. Maior intervenção do Estado, contudo, só veio a ocorrer na segunda metade do século XVIII, no governo de D. José I. Até então, o discurso e as práticas civilizadoras ainda estavam mais voltadas para a população indígena, no âmbito da atuação da Companhia de Jesus, o que pouco afetava a Capitania de Minas Gerais, já que não se estabeleceu ali assim como outras ordens religiosas.

Como foi analisado na primeira parte deste capítulo, a educação moral era vista em suas duas dimensões: a civil e a religiosa, ambas como parte da formação para a civilidade, no contexto de afirmação de uma sociedade fundada sobre regras e mecanismos de controle. A ideia de educação associada à de civilização envolvia, portanto, diferentes aspectos e podia manifestar-se no comportamento e nos costumes na sua dimensão moral, nas práticas do trabalho e da produção, nas relações entre a população e as instituições dominantes. E para cada um desses aspectos pode-se verificar a construção de discursos justificadores de políticas que visavam corrigir os "desvios" daquela sociedade. Numa primeira perspectiva, a questão do ordenamento voltava-se para as camadas mais baixas da população, especialmente os setores tidos como potencialmente perigosos, como os escravos e os livres pobres, particularmente os mestiços.

Para os escravos, a promoção do aprendizado do comportamento minimamente adequado às regras de civilidade deveria começar cedo, logo de sua chegada da África. O vice-rei, Marquês do Lavradio, em seu relatório de 1779, indicava ter tomado providências nesse sentido, quando ordenou a criação do mercado de escravos do Valongo longe do centro da cidade do Rio de Janeiro como medida para resolver um problema, segundo ele, de caráter sanitário. Mas a medida ligava-se também ao desconforto do contato muito próximo com a situação decorrente das condições de tratamento dos africanos recém-chegados, ainda não "integrados" à vida na América portuguesa. Manter esses africanos longe dos olhos da cidade era uma situação transitória, até que eles passassem pelo processo de incorporação de costumes e comportamentos que, esperava-se, tivessem no contato com a população "civilizada". Segundo o Marquês,

> [...] como aquela qualidade de gente, enquanto não tem mais ensino, são o mesmo que qualquer outro bruto selvagem, no meio das ruas onde estavam sentados em umas taboas, que ali se estendiam, ali mesmo faziam tudo o que a natureza lhes lembrava, não só causando o maior fétido nas mesmas ruas e suas vizinhanças, mas até sendo espetáculo mais horroroso que se podia apresentar aos olhos. As pessoas honestas não se atreviam a chegar às janelas; as que eram inocentes ali aprendiam o que ignoravam, e não deviam saber; e tudo isso se concedia sem se lhe dar providência... (RELATÓRIO..., 1842, p. 450-451)

Em outros segmentos, com o intuito de promover o controle sobre possíveis desmandos e respondendo às queixas da população do Rio de Janeiro sobre os abusos cometidos pela tropa, o Marquês do Lavradio resolveu ocupar-lhes as horas de ociosidade, como os domingos e dias santos, em vigilância das atividades portuárias,

> [...] e para os ensinos as horas da noite em que eles não tem que fazer nos seus armazéns, e que andam vadios pela cidade, de forma que tão longe estava de lhes fazer prejuízo, que eu julgo todos ocupados por este modo, era fazer-lhes grandíssimo benefício. É certo que com isto os reduzia à maior sujeição. (p. 420)

O Marquês do Lavradio foi pródigo, em seus escritos administrativos, em explicitar suas ideias sobre a necessidade de educar os súditos pela ocupação e pelo exemplo, como forma de ordená-los e de sujeitá-los, usando a persuasão. Ocupado em submeter áreas de conflito na Capitania do Rio de Janeiro, ele promovia a concessão de sesmarias para obrigar à fixação de indivíduos dados à ociosidade e à rebeldia, e chamava-os para conversações prolongadas na capital,

> [...] para os acostumar a ver como os povos vivem sujeitos, e que vejam o modo com que se respeita e obedece aos diversos magistrados, e às pessoas que mais representam, e em todo o tempo que aqui estão procuro que estejam muito dependentes, e no fim

os mando retirar, fazendo-lhes sempre algum benefício; por este modo se tem ido sujeitando, de sorte que já hoje não acontecem aquelas horrorosas desordens que todos os dias inquietavam os Governadores desta Capitania. (p. 422-423)

Para o Marquês, no entanto, o excesso de educação, ligada principalmente às letras, parecia ser inconveniente junto a uma população insubmissa e mal-educada, e ele alertava para a necessidade de cuidado

> [...] que para ali se não vão estabelecer letrados, rábulas ou outras pessoas de espíritos inquietos, porque, como aqueles povos tiveram uma má criação, aparecendo lá um espírito inquieto, que, falando-lhes uma linguagem que seja a eles mais agradável, convidando-os para alguma insolência, eles prontamente se esquecem do que devem, e seguem as bandeiras daquele. (RELATÓRIO..., 1842, p. 423)

A produção intelectual portuguesa do século XVIII, influenciada pelo pensamento iluminista, mostrava a convicção sobre a urgência de melhor educar a população, mantendo-se, porém, as posições consolidadas dos indivíduos na sociedade do Antigo Regime, conforme vimos, por exemplo, no pensamento de Ribeiro Sanches. O Marquês do Lavradio parecia comungar com tais ideias, pois estava convencido da utilidade de uma cadeia de bons exemplos, a começar pelas autoridades civis e militares, responsáveis pela educação dos povos no sentido de sujeitá-los à obediência ao monarca. O povo, no Brasil, não obstante se tratasse de "um país tão dilatado, tão abundante, tão rico", compunha-se

> [...] de gentes da pior educação, de um caráter o mais libertino, como são negros, mulatos, cabras, mestiços, e outras gentes semelhantes, não sendo sujeitos mais que ao Governador e aos magistrados, sem serem primeiro separados e costumados a conhecerem mais junto, assim outros superiores que gradualmente vão dando exemplo uns aos outros pela obediência e respeito, que são depositários das leis e ordens do Soberano. (p. 424)

A ideia de que o exemplo e a convivência são eficazes instrumentos de educação e de civilização perpassou o discurso de diversas autoridades coloniais durante o século XVIII e parecia ser condição imperiosa no processo de controle e submissão da população à presença do Estado. Comentando sobre a situação ainda problemática da civilização dos índios na Capitania de Minas Gerais, já no início do século XIX, em 1807, Diogo Pereira Ribeiro de Vasconcelos lamentava a pouca eficácia das medidas até então tomadas pelos Governadores desta capitania e desejava que a boa escolha de mestres exemplares pudesse melhorar os resultados, porque "não se persuadem homens bárbaros a demitir seus costumes por utensílios de ferro e miçangas, por bagatelas; nem aldeamentos, chegados aos matos e dirigidos por homens sem luzes, órfãos de humanidade, e, por mestres ignorantes". O bom exemplo seria, assim, fundamental nesse processo educativo, e de seu poder de persuasão dependeria sua eficácia, porque "o homem, que não se deixa convencer dos princípios do justo e do honesto, que aborrece a sociabilidade a ponto de extinguir a raça humana, nutrindo-se do seu sangue, é um monstro que se deve exterminar ou domesticar em ferros na escuridão dos cárceres" (VASCONCELOS, 1994, p. 156-157).

Essas concepções explicam, de certa forma, as preocupações frequentes com a presença de expressiva população de origem africana e com a população de origem portuguesa, que, vinda das camadas sociais mais baixas, seriam incapazes de atuar como instrumentos confiáveis na educação de seus descendentes ou no bom exemplo à sociedade. Nesse sentido é que se podem entender as observações do desembargador José João Teixeira Coelho, escritas em 1780. Ele afirmava que parte das desordens ocorridas nas minas explicava-se pelo fato de a Capitania de Minas Gerais ter sido povoada de europeus de baixa qualidade,

> [...] réus de delitos, ou pessoas que nas suas terras não tinham mais do que aquilo que ganhavam pela enxada, ou pelos ofícios vis que exercitavam. Estes homens, que cá no Reino eram a escória do povo e o desprezo dos bons, vendo-se em um país extenso e cheio de liberdade, fazem-se insolentes e querem ser fidalgos. [...] Que educação podem dar a seus filhos uns homens daquela qualidade? E que virtudes têm eles que sirvam de exemplo aos mesmos filhos? Todos se chamam a si mesmo [sic] homens distintos e por isso desprezam o trabalho, vivendo em ociosidade e perdendo o Estado o socorro de muitos centos de operários. (COELHO, 1994, p. 254)

Essa situação seria agravada pela presença da população de origem africana, sobretudo aquela que, tornada forra, procurava aproximar-se dos padrões de comportamento dos brancos. José João Teixeira

Coelho via nesse trânsito de valores uma ameaça à ordem social e política e à produção, pois

> [...] esta presunção e ociosidade dos brancos se têm transferido aos mulatos e negros porque, uma vez que são forros, não querem trabalhar, nem servir e, como a necessidade os obriga a procurarem as suas subsistências por meios ilícitos, se precipitam os homens e as mulheres cada uns [sic] nos vícios que correspondem aos seus diferentes sexos. (COELHO, 1994, p. 255)

Por isso, recomendava o cumprimento rigoroso da lei, das Ordenações do Reino, que obrigava as câmaras a cuidar da educação dos filhos daquela população, frequentemente expostos ou órfãos, e que deveriam ser enviados ao aprendizado dos ofícios mecânicos.

Duas décadas mais tarde, Diogo Pereira Ribeiro de Vasconcelos dialogava com o desembargador comentando o caráter da população mineira sua contemporânea nos primeiros anos do século XIX, considerando severamente o trato dos costumes,

> [...] tomando-os em soma pelos hábitos que tem relação com a moral religiosa e civil e que influem não só no caráter do indivíduo mas, também no de todo um povo. Este caráter, particular e nacional, dependeu sempre da formação do espírito: é sempre a grande obra da educação, mais a cargo dos pais de família do que dos mestres. (VASCONCELOS, 1994, p. 158-159)

Mas Vasconcelos discordava do desembargador Teixeira Coelho, acreditando que a educação religiosa, pródiga em Portugal, mesmo "à mais ínfima plebe", por si só já garantiria a formação dos bons vassalos. Para o letrado Diogo Pereira Ribeiro de Vasconcelos, os descendentes dos primeiros e pobres povoadores portugueses, ascendidos pelo sucesso dos empreendimentos de seus pais, livres da pobreza, tiveram acesso aos importantes postos militares e ao convívio com os grandes da capitania, com eles aprendendo

> [...] algumas maneiras e conhecimentos úteis. As mulheres, que exercitam poderoso império nos costumes, devendo talvez ao clima e à lição, a que são dadas, boas disposições morais e civis, chegando a ser mães, inspiram aos filhos sentimentos religiosos e os civis, de que podem ser capazes. (VASCONCELOS, 1994, p. 158-159)

Voltando sua atenção para a formação das futuras gerações, Vasconcelos era otimista em relação ao caráter dos brasileiros, mais do que outros administradores e comentaristas. Ele acreditava no aprimoramento pelo qual haviam passado os descendentes dos portugueses nas Minas, não obstante fosse substantiva a presença de não portugueses e seus descendentes. Tal aprimoramento era por ele atribuído à educação exemplar, à obediência aos modelos aceitos de comportamento, de submissão às autoridades e à ordem constituída. Por isso, insistia que

> [...] a falta de educação não é mais perniciosa aos costumes do que são os maus exemplos; estes os corrompem [aos homens], por bons que sejam e aquela os desconhece. Mas, felizmente, a força do exemplo tem sido o delírio do momento. Deve de ser porque, dócil à voz imperiosa das verdades paternas, a mocidade se deixa convencer da indignidade dos que incitam os tiranos dos costumes públicos. (VASCONCELOS, 1994, p. 159-160)

Finalizava suas reflexões voltando para a família a força do bom exemplo e da boa educação, pois nela

> [...] o bom pai e a virtuosa mãe de família persuadem o horror que os vícios e crimes desafiam. E homens têm havido que, fechando o semblante ao riso, desaprovam, muda mas energicamente, a imoralidade. Não vogam, pois, exemplos aonde impera alguma educação. Tal e qual, eis a de que podem ser capazes pais órfãos de estudos. Se ela não encaminha às grandes empresas, não conduz também aos grandes crimes. (p. 159-160)

O otimismo de Diogo Pereira Ribeiro de Vasconcelos relaciona-se evidentemente ao lugar de onde ele falava, de seu grupo social e de convívio, formado por pessoas de posses e distinção, muitos formados em Coimbra – como ele próprio – e cujas trajetórias expressavam as características que ele atribuía de forma genérica aos "mineiros". Sua discordância em relação aos comentários do desembargador Teixeira Coelho, de que este desqualificava os mineiros porque tomava o procedimento de alguns indivíduos como indicativos do caráter de todo o povo, revela sua visão do que verdadeiramente seriam os mineiros: de um lado, os membros dos grupos mais privilegiados da população, favorecidos pela educação superior, na Universidade de Coimbra e por ela ascendidos às carreiras das armas ou das letras; de outro lado, os segmentos medianos que, mesmo não tendo sempre acesso à instrução escolar, conduziam-se por uma sólida formação religiosa. O restante da população mereceu parcos comentários, fiéis às concepções já enraizadas acerca de sua má influência, mas deixando a entender a inutilidade de qualquer iniciativa no que respeita à sua educação. Comentando dados estatísticos, Vasconcelos (1994, p. 157-158) mostrava que a população de Minas Gerais era constituída na maioria de

> [...] escravos de todas as cores; segue-se o dos libertos, e, em muito menor quantia, o dos brancos. Os primeiros, bem que constituam a classe laboriosa, desconhecem a virtude, que é rara na escravidão. Os segundos são perniciosos ao Estado. Apenas os homens brancos, e alguns dos outros ingênuos das diferentes classes, são os vassalos úteis da Capitania: mas, desgraçadamente, em menor número.

A avaliação de Vasconcelos poderia, de fato, encontrar alguma correspondência na realidade da sociedade colonial. Conforme veremos, não era assim tão raro que indivíduos nascidos em condições desfavoráveis acabassem por conseguir alguma ascensão por meio da educação, mesmo que elementar. Se chegavam a ter o "lustre" desejado pelo comentarista, não se sabe. Mas chegavam mais próximos de segmentos sociais dos quais estariam mais distanciados, não fossem algumas habilidade obtidas pela educação, principalmente a do letramento.

Embora Diogo Pereira Ribeiro de Vasconcelos nem considerasse a possibilidade da educação desses grupos, era em relação a eles que se manifestavam as preocupações das autoridades portuguesas, conforme mencionado em parágrafos anteriores. Além da defesa da educação voltada para a formação da civilidade, sobressaía o recurso à educação para o trabalho, como forma de ocupar a população, retirando-a dos riscos da ociosidade. Essa já era uma concepção consolidada na sociedade portuguesa, apoiada em expressiva legislação, que tinha como alvo principal os órfãos e os expostos, aos quais deveria ser destinada educação apropriada, conforme sua qualidade e condição. As Ordenações Filipinas, válidas também na América, davam tratamento privilegiado ao assunto, considerando os casos de órfãos de pais sem posses, que deveriam, em último caso, ser criados em instituições para enjeitados ou em casas de pessoas pagas pelo poder público. Segundo a lei, a educação para esses indivíduos deveria ser compatível com o seu nível social de origem, sendo os filhos de lavradores dados preferencialmente a lavradores para ser criados, e seriam usados no serviço do campo, aprendendo a ocupação de seus pais. A mesma orientação havia em relação aos filhos de oficiais mecânicos, que seriam

> [...] postos a aprender os ofícios de seus pais, ou outros, para que mais pertencentes sejam, ou mais proveitosos, segundo sua disposição e inclinação, fazendo escrituras públicas com os Mestres, em que se obriguem a os dar ensinados em aqueles ofícios em certo tempo arrazoado, obrigando para isso seus bens. (Código..., 2004, p. 212)

Na Capitania de Minas Gerais era expressivo o número de órfãos e expostos, boa parte constituída de mestiços, o que acentuava a preocupação das autoridades com o seu controle. Por isso, as censuras do desembargador José João Teixeira Coelho (1994, p. 255) aos juízes de órfãos, faltos em "assoldadar e fazer aprender ofícios aos órfãos e às órfãs dos seus distritos, como são obrigados pelo seu regimento".

Nas Minas a questão da educação para o trabalho assumia ainda outros significados, ligados diretamente aos problemas da produção, tanto a mineral quanto a agrícola. A precariedade dos conhecimentos técnicos foi apontada por muitos administradores, desde as primeiras décadas do século XVIII, e seus efeitos na produção do ouro levavam a que muitos defendessem o aprimoramento por meio do aprendizado técnico mais direcionado, embora reconhecessem o papel da experiência nesse processo. Na segunda metade do século XVIII o estado de decadência das minas era o tema preferencial de muitos funcionários da administração colonial, que se ocupavam em analisar suas causas e propor soluções. A questão técnica era recorrentemente apontada, e é interessante observar em alguns documentos produzidos por esses administradores, as indicações de que a solução estaria na implantação e no aprimoramento da educação e do aprendizado profissional, inclusive para os escravos.

A ignorância das melhores técnicas de mineração era apontada como um dos obstáculos ao avanço de novas explorações, como observava em

1789 o vice-rei Luiz de Vasconcelos e Souza em relatório e instruções ao seu sucessor. Entre muitas providências necessárias para a organização da produção nas novas minas de Macacu, urgia modificar os costumes dos mineradores que, "ignorando o modo de se fazerem os árduos serviços da mineração, e não querendo sujeitar-se a aprender aquele particular mecanismo do inspetor que ali se acha encarregado da data de S.M., por se persuadirem que podiam colher o ouro às mãos lavadas" (Ofício..., 1842, p. 26-29).

Certo de que seria mais difícil dobrar os mineradores, o Vice-Rei engendrou um plano que atingiria os escravos trabalhadores das novas e promissoras minas, já que era "um dos principais motivos de não se adiantarem, a falta de ensino e experiência dos serviços minerais." Segundo seu plano, seria organizada uma espécie de sociedade com o concurso dos interessados que nela pusessem seus escravos, e esse empreendimento serviria "de escola para os escravos aprenderem os diferentes usos dos ditos serviços minerais", instruídos por um encarregado com experiência naqueles trabalhos. O vice-rei esperava que, com essa iniciativa, se conseguisse

> [...] a pública utilidade de se formar gente hábil para trabalhar aquelas minas, com outra ordem e outra educação muito diversa do costume, evitando-se os defeitos que introduz a ignorância, que, depois inveterados, custam muito a extirpar-se, principalmente em novos estabelecimentos, que necessitam ser dispostos com muito jeito, como tem acontecido em Minas Gerais, onde sem mais princípios, só o tempo, a indústria e o trabalho tem ensinado o modo porque se podem formar grandes fabricas, que hajam de permanecer e dar avultados interesses. (p. 26-29)

O problema da formação técnica era, de fato, assunto recorrente na documentação administrativa da Capitania de Minas Gerais, permitindo-nos analisar os embates entre uma perspectiva claramente fundada no racionalismo ilustrado e os costumes enraizados, muitos ditados pela falta de recursos desde os primórdios da ocupação da região, e pelas tradições técnicas que aqui foram implantadas, como aquelas trazidas pelos africanos, trabalhadores das minas das Gerais. Dez anos depois dos planos do Vice-Rei Luiz de Vasconcelos, José Vieira Couto escrevia que a "ignorância dos mineiros e o descuido que houve de se instruir, em tempo na sua profissão, esta preciosa classe de homens é a causa única e ao mesmo tempo mui bastante da decadência atual da mineração" (COUTO, 1994, p. 62). Depois de longa explanação sobre as condições técnicas existentes, o célebre mineralogista se perguntava qual seria "o meio de obviar a tamanho mal" e encontrava resposta na educação, inspirada no exemplo dos países onde a mineração estava em estágio mais avançado:

> [...] é conveniente que aquela parte do povo, que se deve ocupar de um certo gênero de profissão, a conheça o melhor que puder ser e, quanto mais relevante for o interesse que daqui deve resultar para o Estado, tanto mais este mesmo Estado se deve interessar em que esta classe de homens seja instruída. Quase todas as nações cultas da Europa têm conhecido quanto cumpre o Estado que se cultivem e se trabalhem as minas. A Suécia, a Rússia, a Polônia e, sobretudo a Alemanha são deste número. Estas mesmas nações têm tido o cuidado de encaminhar os seus mineiros com obras úteis, que têm sido espalhadas entre eles, obras que têm dado nome às mesmas nações, instruído com utilidade os povos e enriquecido o Estado. (COUTO, 1994, p. 62)

Esses exemplos o motivaram a concluir que aqui também deveria ser produzida uma obra instrutiva, um tratado sobre a arte metalúrgica, que deveria circular e ser do domínio do maior número possível, porque

> [...] essa obra, circulando por entre o povo, aqueles que forem mais atilados e capazes de lição, porão em prática aquilo que alcançarem; os outros, que não lêem e que não entendem, verão praticar aqueles e deles aprenderão e, por fim, tudo tomará um novo tom, um novo lustre brilhará sobre a mineração portuguesa, os metais se extrairão em dobro e, na mesma proporção, se enriquecerá o Estado. (p. 74)

Também adepto da ideia da educação técnica pela experiência, José Vieira Couto analisou as características de uma possível fábrica de ferro que pudesse ser construída em Minas Gerais, vendo nela um centro de formação de profissionais da metalurgia, porque além de sua óbvia utilidade na produção, seria também uma "bela escola", na qual se "formarão bons fundidores e excelentes artífices, que ao depois poderão ir criar e estabelecer outras em outras partes" (p. 74).

Questões semelhantes se apresentavam em relação à produção agrícola, para a qual uma das soluções pensadas passava também pela melhor instrução técnica daqueles diretamente envolvidos na atividade. Como meio de movimentar esse processo e modernizar a produção de alimentos, as autoridades promoviam a importação de livros e manuais técnicos para uso dos produtores. As obras eram remetidas às comarcas da capitania, mas nem sempre surtiam o efeito desejado, ou os produtores aferravam-se ou ao costume, ou às tentativas de utilização das "novidades" e não apresentavam resultados compensadores diante das realidades locais (MENESES, 2000).

Noutro campo de preocupações, vemos as autoridades da administração colonial colocarem em pauta a educação mais próxima da instituição escolar, embora essa fosse bastante dispersa e relativamente instável na Capitania de Minas Gerais. Vimos a menção ao ensino das primeiras letras à população dessa região na ordem régia de D. João V, em 1721. Até que fossem realizadas as reformas na educação durante a administração do Marquês de Pombal, no reinado de D. José I, foi pouco visível a institucionalização da instrução elementar na capitania, já que não houve aqui a presença dos estabelecimentos educacionais jesuítas nem de outra ordem religiosa. Mesmo considerando as determinações constantes nas Ordenações do Reino, as ações no sentido de promover os estudos menores (ensino das primeiras letras e das cadeiras preparatórias para os estudos superiores e eclesiásticos, como a gramática latina e a retórica) estavam em geral restritas aos particulares. A partir das reformas pombalinas e principalmente depois da criação das aulas régias, tornaram-se mais frequentes as referências a esse tipo de educação na documentação administrativa. Foram recorrentes os ofícios enviados pelas câmaras das vilas mineiras ao rei, solicitando a instalação de aulas, usando geralmente argumentos que vimos desde as primeiras décadas do século XVIII, isto é, associando a necessidade da educação como instrumento de civilização, o que significa reforçar a formação moral, cívica e religiosa da população. Requerimentos como o que fez a câmara da Vila do Príncipe, pedindo a criação da aula de gramática, deixavam entrever ainda preocupações com antigas questões, como o aumento da população e os riscos que dele advinham, caso não houvesse educação e ocupação. Argumentando que, com a extinção das antigas classes, a Vila viu-se privada do ensino da gramática, pedia ao rei que a criasse já que estava ela com falta de mestres,

> [...] pois ainda procurados com interesse do prêmio e salário, se não encontram, pelo qual motivo se perdem os engenhos puëris, que abundam naquele território, o qual se acha hoje com inumerável povo casado, e permanente, crescendo cada dia mais a multiplicação de seus filhos, os quais por experiência tem agilidade e presteza para qualquer emprego do serviço de Deus e de Vossa Majestade. (SOBRE A REPRESENTAÇÃO..., 1910, p. 443)

Algumas vezes a representação se fazia porque a população já estava contribuindo com o subsídio literário – imposto criado para o financiamento das aulas régias – sem ter recebido o benefício correspondente.[10] O argumento sobre a necessidade da aula era, no entanto, o mesmo, como alegaram os oficiais da Câmara da Vila de Pitangui, de que tendo sido criado o subsídio

> [...] para sustentação dos Mestres, que possam instruir a mocidade nos princípios necessários de letras; com que se faz capaz da política e civilidade, que requer o trato humano, e estando os moradores daquela Vila contribuindo para o mesmo fim, não gozam ainda do efeito saudável de tão sábia providência por lhes não haverem sido nomeados até agora os sobreditos Mestres. [...] e constando a sua povoação de mais de doze mil almas se persuadem não ser da piedosa intenção de Vossa Majestade que fiquem seus filhos privados de um bem tão estimável como o das letras, que Vossa Majestade procura comunicar a todos os seus Vassalos e para o conseguirem. (SOBRE A CONTA..., 1910, p. 475-476)

A Igreja católica vinha, desde o movimento da Contrarreforma, no século XVI, desenvolvendo e aprimorando seus instrumentos pedagógicos no sentido de garantir a boa formação de seus fiéis, frente ao avanço das igrejas reformadas na Europa e no sentido de arrebanhar novos membros por meio da evangelização dos povos nos domínios de além-mar. Entre algumas ordens religiosas que se lançaram nessa tarefa, destacou-se a Companhia de Jesus com seu trabalho de sistematização

---

[10] As aulas régias e seu funcionamento serão tema do capítulo 2.

de procedimentos organizados no *Ratio Studiorum atque Institutio Societatis Jesu*, publicado em 1599 e que, segundo João Adolfo Hansen (2001, grifos do autor),

> [...] associava-se à "política católica" portuguesa como um conjunto de *normas*, que definiam saberes a serem ensinados e condutas a serem inculcadas, e um conjunto de *práticas*, que permitiam a transmissão desses saberes e a incorporação de comportamentos, normas e práticas.

Embora estivessem mais organizados e direcionados a determinadas práticas nos quadros da Companhia de Jesus, esses eram princípios da política da Igreja ibérica em relação aos católicos em geral e aos habitantes das terras ultramarinas em particular. Mesmo que não houvesse escolas nas quais o ensino dessas normas pudesse ser realizado, a Igreja prescrevia as obrigações e as responsabilidades das famílias e dos sacerdotes para com essa formação. Nas *Constituições Primeiras do Arcebispado da Bahia*, elaboradas em 1707 e que se tornaram a "principal legislação eclesiástica da América Portuguesa no período colonial" (NEVES, 2000, p. 145), vemos logo em suas primeiras páginas, no título II do Livro Primeiro, as instruções sobre "como são obrigados os pais, mestres, amos e senhores a ensinar, ou fazer ensinar a doutrina cristã aos filhos, discípulos, criados, e escravos":

> Porque não só importa muito, que a Doutrina Cristã e bons costumes se plantem na primeira idade, e puerícia dos pequenos, mas também se conservem na mais crescida dos adultos, aprendendo uns juntamente com as lições de ler, e escrever, as do bem viver no tempo, em que a nossa natureza logo inclina para os vícios, e continuando os outros a cultura da Fé, em que foram instruídos, e crendo nos seus mistérios aqueles, que novamente os ouvirem... (CONSTITUIÇÕES..., 2007, p. 2)

Esses princípios – como todo o texto da *Constituições* – eram parte da adesão de Portugal às determinações do Concílio de Trento (1545-1563), mas apresentam muitos pontos em comum com o pensamento de diversos autores que, como vimos, elaboraram propostas para a educação das crianças e dos jovens, no contexto da sociedade portuguesa do Antigo Regime. Mesmo sob a influência de ideias iluministas, principalmente no século XVIII, esses autores não se desvincularam da tradição intelectual católica, herdeira das reformas tridentinas, e incorporaram a combinação entre a formação cristã e a educação para a civilidade moderna.

Assim, a análise do discurso de algumas autoridades da administração colonial nas Capitanias de Minas Gerais e do Rio de Janeiro ajuda a compreender como o sentido atribuído à ideia da educação para a população não era evidentemente próximo do que nós compreendemos como um sistema de educação pública, que apenas principiava sua trajetória, nos últimos anos do século XVIII, na Europa. Em Portugal e seu império, ainda sob o Antigo Regime, praticavam-se outras formas de educação fundadas em valores e concepções próprios daquela organização, mesmo sob a égide do chamado despotismo ilustrado, durante o governo de D. José I.

As distinções apareciam muito claramente entre a educação letrada e a educação para o trabalho, expressando os valores que separavam o trabalho intelectual do trabalho manual. Mas ainda assim, sobretudo na Capitania de Minas Gerais, as formas adquiridas pela sociedade engendrada pela mineração, pela escravidão e pela urbanização pervertiam os valores e os padrões sociais e culturais europeus, exigindo constante observação, reflexão e tentativas de ordenamento por parte das autoridades. Era nesse movimento que as diferentes modalidades de educação apareciam como solução, frequentemente mais nos discursos que nas ações práticas.

—— Capítulo II ——

Civilizar e educar os súditos na América portuguesa: reformas, impactos, cotidiano

Historiografia das reformas pombalinas da educação

As reformas pombalinas são tema com várias abordagens possíveis, dados os diferentes desdobramentos que teve, atingindo diferentes setores da sociedade portuguesa na segunda metade do século XVIII. Não é raro também que sofram tratamento generalizante, como se sua aplicação nas várias partes do império português tivesse sido homogênea, assim como seus impactos. São menos conhecidas as especificidades de sua implementação nas diferentes capitanias da América portuguesa.

No que diz respeito às reformas da educação, a visão de conjunto as coloca no movimento de oposição do Estado à Companhia de Jesus, e não há dúvidas acerca do impacto provocado por elas nas regiões onde a educação era praticamente monopólio daquela ordem religiosa. Mas como analisar as reformas em áreas onde os jesuítas não atuavam ou onde não havia nenhuma instituição educacional ligada a alguma ordem religiosa? De que maneira as reformas empreendidas na administração do Marquês de Pombal impactaram as antigas formas de educação existentes sob a direção tanto de religiosos quanto de leigos, incluindo o ensino particular? Que tipo de receptividade e credibilidade tais reformas tiveram junto às comunidades, no momento em que se iniciava o processo de implantação das aulas régias? Como analisar o processo de inserção social desse "novo" personagem advindo das reformas, o professor régio, nos quadros sociais e culturais da América portuguesa, em suas diferentes regiões?

Em torno de algumas dessas questões é que serão abordados, nesta seção, os impactos e as especificidades das reformas pombalinas da educação, tendo como foco a historiografia sobre o tema e a documentação de natureza administrativa. Este exercício é necessário e útil ao vislumbre do movimento historiográfico geral que, por um lado, negligenciou os assuntos da educação e, por outro, tratou-a, mas de forma limitada. Mais recentemente, apresenta-se em tempos de "redescoberta" do ensino e da educação como temáticas atinentes ao estudo sobre a sociedade e a cultura do Brasil antes de sua independência política.

Um dos textos brasileiros mais antigos é o de José Ricardo Pires de Almeida, publicado originalmente em francês, em 1889, no qual, em breve introdução, o autor apresenta alguns aspectos da educação no período colonial, utilizando a documentação administrativa e legal dos governos de D. José I a D. João VI. Embora se preocupasse em fundamentar suas afirmações nesses documentos, Almeida construiu muitas generalizações, considerando situações ocorridas no Rio de Janeiro como extensivas a todo o Brasil. Há, além disso, algumas incoerências como o uso do termo "escola pública" significando necessariamente escola estatal e associando a ideia de que a boa qualidade estaria ligada, principalmente, às escolas régias.[1] Numa concepção compreensivelmente elitista, Almeida relacionou diretamente o aprendizado da leitura e da escrita à necessidade de aprimoramento intelectual, por meio do acesso a livros. Particularmente interessado no governo de D. João VI, Almeida (2000) concluiu que os insucessos das medidas em favor da instrução primária decorreram muito mais das "circunstâncias desfavoráveis", como a precariedade do preparo dos mestres, do que das deficiências do poder público.

Enquanto Almeida procurava valorizar os atos da administração portuguesa, Moreira D'Azevedo, em texto publicado em 1892, construía, bem ao gosto dos republicanos, um quadro negativo dessa administração. Segundo ele, não teria havido, até o período pombalino, nenhuma iniciativa do Estado para a abertura de aulas e para com o ensino em

---

[1] O termo "escola pública" designava a escola aberta ao público, fosse ela mantida pelo Estado fosse particular.

geral, que tivesse ficado inteiramente a cargo das ordens religiosas, principalmente dos jesuítas. Embora também se baseasse na legislação, concentrando-se nos dados sobre o Rio de Janeiro, D'Azevedo (1892) mencionou outras regiões do Brasil sem, no entanto, indicar com precisão as fontes e deixando entender que a abertura de aulas régias fora da sede do Vice-Reinado só ocorreria nas "capitanias de igual importância", sem mencioná-las ou explicar o que isso significaria. Assim como Almeida, D'Azevedo apontou para o que seriam as principais dificuldades no funcionamento do sistema criado pelo Marquês de Pombal: os problemas na arrecadação do subsídio literário e a ignorância da maior parte dos professores, especialmente da instrução elementar.[2] É interessante observar que ambos os autores utilizaram o texto de Robert Southey, *History of Brazil*, que enfatizou a dificuldade de se encontrar no Brasil pessoas que soubessem ler e escrever e que isso estaria diretamente relacionado à proibição da imprensa e à pequena circulação de livros. Ambos, enfim, situaram a existência de um sistema educacional no quadro das necessidades das elites, como meio de aprimoramento intelectual e como instrumento de acesso ao ensino superior.

Ainda que fora de um contexto de pesquisa sistemática, alguns textos trataram de forma menos maniqueísta a relação entre o Estado português e a educação, e entre a educação jesuítica e as reformas pombalinas, como o de Hélio Vianna (1945), escrito em 1937, no qual o autor rebateu as afirmações correntes de que a coroa portuguesa não expressou nenhum interesse pelas questões da educação e, não obstante os problemas de funcionamento das reformas pombalinas, a expulsão dos jesuítas não implicou uma idade das trevas cultural e intelectual.

Na primeira metade do século XX, sob influência da ampliação das discussões sobre a educação, surgiram muitos estudos históricos sobre a educação no Brasil, alguns deles tratando do período colonial. Uma das obras mais importantes, cuja interpretação tornou-se modelar para outros autores, foi *A cultura brasileira*, de Fernando de Azevedo (1943),

---

[2] Ver também BRIQUET (1944). Neste texto o autor se baseia em Moreira D'Azevedo.

Em seu capítulo "O sentido da educação colonial", o autor reforçava de maneira enfática o papel da Companhia de Jesus nos primeiros séculos de colonização, sua atuação no campo da educação e no processo que ele chamou de construção de uma "unidade de cultura", obtida graças ao sistema educacional coeso dos jesuítas e praticamente sem concorrentes na América.[3] Visivelmente simpático à obra dos jesuítas como promotores de civilização, Azevedo tinha uma visão cataclísmica das reformas pombalinas, centradas na expulsão da Companhia de Jesus e no fechamento de todas as suas escolas em Portugal e em seus domínios. Não via aspectos positivos nas medidas tomadas em relação à educação, segundo ele incoerentes e fragmentárias, que destruíram por completo um sistema secular sem criar nada que fosse de qualidade em seu lugar. Em relação ao Brasil, Fernando de Azevedo afirmava que a ação de Pombal "não atingiu senão de raspão a vida escolar da Colônia" e favoreceu somente aqueles que tinham condições de realizar seus estudos na Universidade de Coimbra.

Embora não tivesse sido o primeiro a seguir esse caminho de interpretação da história da educação no Brasil colonial, Fernando de Azevedo, pela repercussão de sua obra e pela importância de seu trabalho no campo educacional, influenciou parte significativa da produção historiográfica, que ficou marcada pela visão positiva da atuação das ordens religiosas e de uma tendência detratora das reformas pombalinas e de seus efeitos. Para a maioria desses autores que escreveram até a década de 1980, o período entre as reformas e o advento da escola republicana correspondeu a um vazio em termos educacionais. O que se vê em geral são análises que, mesmo procurando dar um tratamento crítico ao problema e sem cair nas armadilhas do maniqueísmo e do par exaltação/detração, mantêm as bases nas quais se assentam, há muito, os estudos sobre essa temática, particularmente no que diz respeito às generalizações.[4]

O debate logo se mostrou polarizado entre aqueles autores portugueses que viam o Marquês de Pombal como um expoente do pensamento progressista português e os que consideravam seu governo

---

[3] Na mesma direção ver, entre outros, LIMA (1974) e ROMANELLI (1978).

[4] Ver, a propósito, CARRATO (1961); CARVALHO, L. R. (1952, 1985).

despótico e destruidor das tradições. Do ponto de vista das questões do ensino e da educação predominaram os estudos pormenorizados da legislação referente aos governos de D. José I e de D. Maria I, de aspectos do seu funcionamento e de seu impacto na sociedade portuguesa. Obras como as de Rômulo de Carvalho (2001), Teófilo Braga (1892-1902), Joaquim Ferreira Gomes (1989) e Antonio Alberto Banha de Andrade (1981-1984) são referências e contribuíram para a divulgação de importantes documentos sobre o tema. Mais recentemente, nos quadros de uma historiografia em renovação, sintonizada particularmente com os estudos sobre letramento, alfabetização e história do livro e da leitura, historiadores portugueses têm avançado numa discussão ampliada, que ultrapassa os limites dos estudos mais estritos sobre as reformas pombalinas, para ver o processo de escolarização como fenômeno histórico-cultural mais abrangente do que a normatização legal. Nesse conjunto temos os trabalhos de Rogério Fernandes (1994), Justino Magalhães (1994), Áurea Adão (1997) e António Gomes Ferreira (1998), para citar os mais representativos para o tema em questão.

Na historiografia brasileira o período anterior à independência política é ainda minoritário no conjunto da produção preocupada com a dimensão educacional da história social e cultural, em comparação com os períodos monárquico e republicano. Há que destacar os estudos cujas preocupações foram além da abordagem descritiva do aparato legal, buscando esclarecer problemas relativos ao funcionamento da organização do ensino inaugurada na gestão do Marquês de Pombal, bem como aspectos do trabalho docente, dos métodos de ensino e do financiamento da educação naquele período. As abordagens mais verticalizadas enfocaram alguns casos específicos de Capitanias nas quais, de alguma maneira, as reformas produziram significativo impacto.

Em *O ensino régio na Capitania de São Paulo (1759-1801)*, tese de 1972, Myriam Xavier Fragoso trabalhou cuidadosamente com documentação de natureza legal e fiscal, memórias administrativas, correspondências e ofícios diversos, procurando reconstituir as dinâmicas de funcionamento do sistema de aulas régias na Capitania de São Paulo, num trabalho pioneiro sobre o tema. Com um posicionamento crítico em relação às bases dos estudos então disponíveis, Fragoso procurou demonstrar os equívocos das análises generalizantes e uniformizadoras, além de situar os impactos das reformas na especificidade da condição colonial, evidenciando as particularidades do processo naquela capitania. A autora constatou que ocorreu um processo profundamente marcado pela presença das ordens religiosas, particularmente da Companhia de Jesus e que muitos dos efeitos das reformas pombalinas naquela região estiveram relacionados a essa presença anterior. A estrutura do bispado – especialmente a existência da escola catedralícia da Sé, e de aulas nos conventos de franciscanos e carmelitas – garantiu a permanência de parte das atividades educacionais depois do fechamento das escolas dos jesuítas. Mesmo depois do estabelecimento definitivo das aulas régias, a partir de 1772 essas aulas dos conventos foram conservadas e seus mestres transformados em professores régios, pagos pelo Estado e submetidos às mesmas regras de ingresso na carreira que os demais. Apesar de constatar que o aumento da expansão das aulas corresponderia ao aumento dos fundos do subsídio literário, Fragoso apontou possíveis deficiências na administração do ensino devidas à ausência, na Capitania de São Paulo, dos comissários da Real Mesa Censória, responsável pela direção dos estudos depois de 1772. Outro problema apontado pela autora seria a dispersão da população da Capitania, pouco concentrada em núcleos urbanos, o que teria dificultado a sua escolarização. Myriam Fragoso ressaltou a fragilidade da documentação para o estudo da situação da educação fora da Vila de São Paulo, no interior da Capitania, pois teriam ficado concentrados na sede os esforços para a abertura de aulas e sua manutenção. Em parte, isso refletiria um critério político para a criação de aulas nos centros administrativos ou próximos a eles, como a capital e as cabeças de comarca. Além disso, a presença mais marcante dos conventos, principalmente o de São Francisco, e da escola da Sé, teria sido fundamental para essa concentração geográfica. Assim como parece ter acontecido em outras Capitanias, em São Paulo houve queixas de muitas localidades onde se recolhia o subsídio literário sem que fossem criadas as aulas. Para Myriam Fragoso, as oscilações no processo de implementação e funcionamento das aulas régias na Capitania de São Paulo também estiveram ligadas a certa instabilidade administrativa, pois houve momentos em que ela esteve submetida à Capitania do Rio de Janeiro, por isso em segundo plano nas ações dos governadores desta última.

Em relação ao Rio de Janeiro destaca-se o trabalho de Tereza Maria Fachada Levy Cardoso (2002), que aponta uma situação relativamente privilegiada em comparação a outras partes da América portuguesa, por sua situação como sede do Vice-Reinado e centro político do Império português entre 1808 e 1821. A autora demarcou o início efetivo do funcionamento das aulas régias no Rio de Janeiro em 1774, e sua pesquisa indica a presença maior dessas aulas a partir do final da década de 1780.[5] Por sua posição como sede do Vice-Reinado, observa-se no Rio de Janeiro uma movimentação mais evidente das autoridades civis e eclesiásticas na discussão sobre as reformas e o processo de implantação e funcionamento do sistema de aulas régias. Valendo-se de documentação administrativa variada, Tereza Cardoso revelou particularidades sobre o cotidiano das aulas régias e do trabalho dos seus professores, principalmente sobre a realização dos concursos para provimento das cadeiras e seus critérios, e às dificuldades enfrentadas pelos docentes, como atrasos no pagamento de seus ordenados, substituições de professores por motivos variados, problemas relativos à localização das escolas, seus horários de funcionamento e frequência dos alunos. Embora tenha atribuído maior peso à análise da legislação, o trabalho de Cardoso nos permite o vislumbre dos contrastes entre a normatização e as práticas concretas no cotidiano das aulas régias no Rio de Janeiro.

Buscando construir uma análise crítica da produção historiográfica sobre a educação colonial, Gilberto Luiz Alves em *Educação e história em Mato Grosso (1714-1864)* (1984), avaliou acidamente as principais obras sobre o tema, como as de Fernando de Azevedo, Antonio Alberto Banha de Andrade e Laerte Ramos de Carvalho, negando-lhes cientificidade por não levarem em conta os condicionantes estruturais que ele considerava fundamentais na análise histórica, ou seja, o embate entre uma ordem feudal e uma ordem burguesa. Essa posição é compreensível considerando-se a época em que o estudo de Alves foi produzido, início da década de 1980, mas não faz jus à importância das obras dos autores por ele analisados, mesmo se lembradas suas limitações à luz da historiografia contemporânea. De toda forma, o autor

---

[5] Essa será também uma situação verificada para outras capitanias.

procurou rastrear informações sobre a instrução na Capitania de Mato Grosso no século XVIII, dispersas em memórias, inventários de fontes publicadas e algumas obras publicadas na década de 1960. Com isso, constata a implantação tardia da instrução naquela capitania – uma vez que só considerou a instrução inscrita nos quadros da ação direta do Estado português, ou seja, no âmbito das reformas pombalinas – além de algumas características da arrecadação do subsídio literário e esparsas indicações sobre as atividades dos professores régios.

Na Capitania da Bahia as reformas tiveram a implantação inicial limitada a poucas localidades, Salvador e Cachoeira, estendendo-se acanhadamente para outras nos anos subsequentes às primeiras leis reformadoras, conforme demonstra o estudo de José Carlos de Araújo Silva (2006). Assim como no caso da Capitania de São Paulo, a presença marcante das ordens religiosas, especialmente da Companhia de Jesus, influenciou a forma como foram efetivadas as aulas régias, com a importante participação de sacerdotes na concorrência à ocupação das cadeiras que foram sendo criadas a partir de 1759. Até que fosse instituído o subsídio literário, como meio de financiamento das aulas régias, a situação na Bahia, assim como em outras partes, permaneceu instável e provisória, com professores que ainda não eram portadores das nomeações definitivas para o cargo e sem as garantias relativas ao pagamento dos seus ordenados.

Apesar dos grandes problemas que se apresentaram na administração dos estudos menores, em várias partes do Império português, o acesso às cadeiras das aulas régias era almejado por muitos, como uma possibilidade de ingressar na administração colonial e obter remuneração que pudesse ajudar a suprir as necessidades materiais. Muitos indivíduos que tinham conhecimento da leitura e da escrita viam-se diante dessa possibilidade, e pleiteavam provisões para as cadeiras disponíveis. José Carlos de Araújo Silva (2006) mostrou a frequência dessa prática na Capitania da Bahia, inclusive artesãos e oficiais mecânicos, militares e pequenos funcionários que requeriam suas nomeações como professores, principalmente de primeiras letras, cadeira para a qual os requisitos eram menores do que, por exemplo, para o ensino de gramática latina. Isso sem contar os sacerdotes, sempre em grande número entre os professores régios, o que aproxima significativamente a situação vivida na Bahia da que encontramos em outras partes da América portuguesa. Resta refletir sobre a forte presença desses professores sacerdotes, consideradas as especificidades de cada uma dessas regiões, considerando-se, por exemplo, a existência ou não das congregações religiosas e suas instituições, principalmente escolas e conventos. Debruçando-se sobre documentação variada, Silva esclarece muito sobre o cotidiano de vida e de trabalho dos professores régios na Bahia, bem como suas relações com as diferentes instâncias de poder e com as elites intelectuais.

Adriana Maria Paulo da Silva (2008) analisou o complexo sistema de arrecadação do subsídio literário na Capitania de Pernambuco, sua instável aplicação no pagamento dos ordenados dos professores e as difíceis relações desse grupo profissional com as autoridades, particularmente com o Bispo de Olinda. Em seu estudo, a autora demonstra a complicada configuração do quadro de professores régios daquela capitania e o grau de interferência que as relações políticas entre os poderes secular e eclesiástico tinha nessa configuração. Nesse aspecto sua análise remete às conclusões de Myriam Xavier Fragoso, de que em áreas onde a presença da Igreja foi mais marcante, sobretudo quando reforçada pelas ordens religiosas, a implantação das aulas régias assumiu formas que expressavam essa presença, diferentemente do que ocorreria, por exemplo, na Capitania de Minas Gerais.

Em relação a ela, o trabalho clássico é *Igreja, iluminismo e escolas mineiras coloniais*, de José Ferreira Carrato, publicado em 1968. Usando principalmente documentos originais do Arquivo Público Mineiro e do Arquivo Histórico Ultramarino, documentos publicados pelas Revistas do Arquivo Público Mineiro e do Instituto Histórico e Geográfico Brasileiro, bem como relatos de viajantes, Carrato indicou caminhos importantes para a pesquisa sobre a educação em Minas Gerais colonial, embora tivesse mantido a linha interpretativa que relaciona a existência de escolas à formação intelectual das elites.

Em conformidade com a maior parte dos autores, José Ferreira Carrato estabeleceu a ligação entre o início das reformas pombalinas e a expulsão da Companhia de Jesus do Império português, mostrando que no Brasil seria esperada a substituição das escolas jesuítas por outro sistema, o que não se observou, nem mesmo pela incorporação de mestres leigos no lugar dos clérigos. Segundo o autor, a solução foi recrutar esses mestres entre o próprio clero, ficando a situação do ensino na América portuguesa ainda mais precária do que no período anterior às reformas. A dispersão territorial era grande, a falta de recursos notória, e a administração confusa. Somente noutra etapa do processo de reformas, a partir de 1772, é que houve, segundo Carrato, certa recuperação do quadro educacional, com a criação e a ampliação das aulas régias, que deveriam ser sustentadas pelo novo tributo especialmente criado: o subsídio literário. É a partir desse momento que Carrato passa a analisar as reformas no contexto da Capitania de Minas Gerais, concentrando-se basicamente em dois focos: os problemas e as deficiências do sistema de aulas régias e o sucesso individual alcançado por alguns sujeitos como decorrentes de sua frequência às aulas, bem como de suas favoráveis condições sociais de origem. Com isso, Carrato corrobora as teses da ineficiência do aparato administrativo português em Minas Gerais, dos efeitos devastadores da queda nos índices de produção aurífera da segunda metade do século XVIII, além de imprimir um viés elitista às suas concepções acerca da educação e do acesso a ela.

O autor enfatizou a estreita relação entre os níveis de arrecadação do subsídio literário e os problemas do funcionamento das aulas régias, particularmente em relação aos ordenados dos professores, baixos e quase sempre em atraso. Assim, ele destacou a política empreendida pelos governadores da Capitania de Minas Gerais, que, conforme orientações do Reino, baseava-se na adequação do número de aulas à disponibilidade de recursos, quase sempre no sentido de diminuir a oferta delas. Carrato ressaltou a disparidade entre as fontes por ele consultadas, mostrando a imprecisão das informações obtidas pela própria administração portuguesa quanto ao funcionamento das aulas régias: desconhecimento da localização das escolas, dos provimentos e dos regimes de trabalho dos professores, incluindo sua situação como ativos ou até mesmo se estavam vivos. A ineficiência do repasse dos recursos do subsídio literário para o pagamento dos ordenados dos professores enchia os arquivos oficiais de reclamações e esvaziava os quadros docentes com o abandono da carreira. Para Carrato, o Seminário de Mariana, fundado em 1750, teria sido a única instituição educacional digna de nota, tendo chegado mesmo a abrigar aulas régias pagas pelo subsídio literário.

A análise de Carrato expressa a situação peculiar da Capitania de Minas Gerais, na qual não foi observada nem a substituição de escolas mantidas por ordens religiosas pelas aulas régias, nem o aproveitamento de alguns de seus espaços, uma vez que a presença do clero regular e de suas instituições fora proibido ali nas primeiras décadas do século XVIII. Expressa também algumas características da organização administrativa do Império português, na qual a sobreposição de autoridades e de funções entre os diversos órgãos dispersava as orientações e as ações; por conseguinte, no presente dificulta para o historiador a identificação e a localização da documentação relativa à educação. Além disso, ele se baseou de forma muito nítida em textos do final do século XVIII e início do século XIX, alguns de natureza administrativa, nos quais a compilação de dados sobre o quadro do sistema de aulas régias era apenas parcial e bastante oscilante.[6]

Seguindo a trilha demarcada por José Ferreira Carrato (1968), Diana de Cássia Silva, em *O processo de escolarização no Termo de Mariana (1772-1835)* (2004), verticalizou a análise do processo de implantação das reformas pombalinas, especificamente das aulas régias, num espaço geográfico mais restrito. A redução da escala implicou o recurso a fontes diversificadas, de natureza tanto administrativa e fiscal quanto judicial, além da já tradicional legislação pombalina. A autora debruçou-se sobre o sistema de arrecadação do subsídio literário e sua relação com a expansão das aulas régias no Termo de Mariana e com o trabalho dos professores públicos nessa região. Um cuidadoso trabalho quantitativo permitiu a Silva estabelecer comparações entre os montantes arrecadados e sua distribuição como recursos destinados ao financiamento da educação pública, considerando, inclusive individualmente, o quadro

---

[6] Em relação à Capitania de Minas Gerais pode-se ainda localizar trabalhos de menor vulto, produzidos ao longo do século XX, muitas vezes desprovidos de rigor metodológico e mais voltados para a compilação de dados documentais, como é o caso do artigo de Feu de Carvalho, "Instrucção Pública: primeiras aulas e escolas de Minas Gerais (1721-1860)", que, salvo um ou outro documento identificado, praticamente não indica suas referências de origem: CARVALHO, F. (1933).

de professores régios do Termo. A autora também estabeleceu a relação entre a criação do sistema público, seu financiamento e os critérios de composição do quadro de professores, e o controle estatal sobre esse grupo profissional. Sua pesquisa demonstrou não apenas a distribuição geográfica dessas aulas régias e seus professores no Termo de Mariana, como também descortinou parte do cotidiano desses indivíduos, as dificuldades no desempenho de suas funções e na manutenção de sua sobrevivência. Seu levantamento documental chegou também aos "sujeitos escolarizados", ou seja, aos alunos, embora os registros refiram-se ao período tardio de funcionamento do sistema, entre as décadas de 1820 e 1830. Assim, como pode ser observado em outros estudos sobre as reformas pombalinas da educação no Brasil, as duas últimas décadas do século XVIII se apresentam lacunarmente, e as análises ficaram mais concentradas nas décadas posteriores à independência do Brasil.

A pesquisa de Diana Silva (2004) demonstrou a propriedade das afirmações feitas décadas antes por José Ferreira Carrato (1968) quanto às falhas no sistema de financiamento da educação na Capitania de Minas Gerais, decorrentes tanto da situação econômica local como dos problemas e deformações verificados na arrecadação e na distribuição dos recursos do subsídio literário. Fica claro, no entanto, um quadro mais complexo do que aquele considerado por Carrato, relativamente à quantidade de aulas régias criadas para a Capitania – particularmente para o Termo de Mariana – e, sem dúvida, à visibilidade dada aos sujeitos envolvidos no processo, os professores e seus alunos. Fica evidente também a nova face das relações decorrentes das reformas, com a centralização administrativa e o controle que se passou a exercer sobre as atividades docentes, no campo não apenas pedagógico como também social. Confirma ainda a hipótese da escolarização mais consolidada nas áreas em que a contribuição ao subsídio literário era maior, nas quais a autora acredita ter havido uma incorporação mais clara dos valores da educação escolar por parte da população.

O ponto que mais recorrentemente aparece em comum entre os trabalhos sobre a educação no Brasil colonial, no âmbito das reformas pombalinas, diz respeito às formas de arrecadação do subsídio literário e aos desvios e fraudes na contabilidade, que deveria relacionar os montantes arrecadados e a quantidade de aulas régias existentes em cada região. Segundo os estudos conhecidos, para diferentes capitanias, os números de aulas e professores apresentados seriam sempre superestimados, de modo a permitir a retenção e o controle das rendas do subsídio, sem usá-lo adequadamente para o pagamento dos ordenados dos professores, mesmo aqueles em real atividade. Como tem sido observado, capitanias mais populosas e mais centrais do ponto de vista político-administrativo e de maior importância econômica, viveram mais intensamente essas situações, a exemplo de Pernambuco, conforme foi analisado por Adriana Maria Paulo da Silva (2004). Esse aspecto foi observado tanto na América quanto no Reino, onde também ocorreram fraudes e desvios dos recursos. Também se pode apontar como situação comum a diferentes regiões do Império português, o jogo de influências maior ou menor quando a presença de bispados, sobretudo em áreas mais populosas, implicava maior interferência dos bispos no funcionamento das aulas régias e na distribuição dos recursos a elas destinados. Voltando aos argumentos de Myriam Fragoso (1972), a presença de ordens religiosas pareceu ter dividido atenções e atribuições educacionais onde elas estivessem instaladas, mesmo depois de implantadas as reformas. Isso sem contar a especificidade das áreas que estiveram submetidas ao Diretório dos Índios, no Pará e no Maranhão, onde as políticas educacionais foram específicas. Nas regiões onde não havia ordens religiosas instaladas, como é o caso da Capitania de Minas Gerais, essas divisões não se verificaram. Como não houve a substituição de um sistema controlado pela Companhia de Jesus por aquele advindo das reformas, a tensão que se estabeleceu esteve relacionada com a criação das aulas régias e a manutenção das aulas particulares, nem sempre autorizadas, e com a cobrança e a distribuição dos recursos do subsídio literário.

As reformas e seus impactos: aulas régias e professores na América portuguesa

Num plano geral, a administração dos estudos na América portuguesa não foi feita sem dificuldades, algumas comuns às diversas capitanias, outras mais específicas, conforme as condições locais, desde a primeira etapa das reformas, como decorrência da expulsão da

Companhia de Jesus e da sequência de instrumentos legais impostos a partir de 1759. Além das deficiências da própria legislação, que deixou em aberto muitas medidas que deveriam ser tomadas logo em seguida ao fechamento das escolas dos jesuítas e da criação das primeiras aulas régias, outros problemas logo se fizeram sentir.

Nas capitanias onde havia conventos e colégios de ordens religiosas – principalmente Rio de Janeiro, Pernambuco, São Paulo, Grão-Pará, Bahia – além da vacância deixada pelos jesuítas, a Diretoria-Geral dos Estudos teve que enfrentar, num primeiro momento, a presença das demais congregações que ainda mantinham aulas em suas instituições. Mesmo havendo orientações restritivas à atuação educacional dos religiosos, em diversas situações a administração dos estudos teve que aceitar a manutenção dos mestres dessas ordens, como única opção para garantir o funcionamento das aulas, tanto de primeiras letras como, e sobretudo, de gramática latina. Embora contrariado e pressionado pela falta de professores – desestimulados pelas indefinições quanto aos estatutos da carreira, aos ordenados que seriam pagos, e quanto às dificuldades para a abertura e manutenção das aulas – D. Tomás de Almeida, o Diretor-Geral dos Estudos nomeado por D. José I, reconhecia que os interessados em estudar procuravam os padres regulares, e alertava os governadores das capitanias para que fizessem o possível para atrair os mestres leigos. Caso aquela situação se apresentasse inevitável, fossem rigorosos no controle das atividades dos padres mestres, submetendo-os, assim como os leigos, aos exames de ingresso na carreira, e que os bispos também cuidassem da obediência a esse principio legal. D. Tomás de Almeida observava ser

> [...] indubitável que o ensino não é alguma espiritualidade ou sacramento que não possa pertencer aos soberanos, aos quais compete muito propriamente examinar com muita vigilância a casta de Mestres, que ensinam a Mocidade, porque da má doutrina que estes podem dar se seguem os fatais erros que tanto perturbam a Monarquia.[7]

---

[7] Carta para o Desembargador Chanceler do Rio de Janeiro João Alberto de Castelo Branco. ANTT/Manuscritos da Livraria LIV 2596, fl. 111.

Ficavam claras as desconfianças em relação à docência dos religiosos, mesmo os não jesuítas, o que nos leva a associar essa tendência ao "espírito" formulador das reformas, que visava colocar sob o controle do Estado várias atividades importantes da sociedade portuguesa da época, entre elas a educação, responsável pela formação dos melhores súditos para Sua Majestade.

A implantação das medidas iniciais das reformas, em sua primeira etapa, entre 1759 e 1772, foi dificultada por aspectos inerentes às falhas da própria legislação, por exemplo, o estabelecimento da necessidade da realização de concursos para o provimento das cadeiras sem, contudo, haverem sido estipulados com precisão os valores dos ordenados dos professores ou os detalhes atinentes ao exercício do magistério. Naquele momento os recursos para o pagamento dos ordenados ainda viriam das rendas das Câmaras, o que levou a Coroa, em muitos casos, a deixar em aberto, segundo as condições de cada região do Império, a definição dos valores a ser pagos aos professores. Assim, para o Brasil, ora apresentavam-se como parâmetros os valores pagos na Corte; ora esses valores eram considerados elevados para as condições das diferentes regiões da América, onde o custo de vida seria mais baixo; ora tentava-se igualar os ordenados com aqueles já pagos em outras partes:

> Foi V. Majestade servido por aviso do Ministro, e Secretario de Estado dos Negócios do Reino o Conde de Oeiras de 6 do presente mês de Junho remeter-me a Petição de Domingos Fernandes Barbosa e Torres de Pita Rocha, que pretende ser Professor Régio de Gramática Latina em a Vila de Vitória cabeça da Capitania do Espírito Santo para que mandando eu proceder a exame lhe [consulte] o que parecer.
>
> Pelo Auto de Exame que com esta sobre à Real Presença de V. Majestade consta a capacidade do suplicante, e pelo exercício do Magistério poderá em pouco tempo fazer-se um perfeito; porque aquelas cousas, com que mostrou no seu exame algum esquecimento, são aquelas que com muito pouco tempo de exercício se adquirem facilmente.
>
> Pelo que respeita ao ordenado conformando-me com o que V. Majestade foi servido determinar para o Professor Régio de Gramática Latina, que há pouco tempo foi despachado para Angola

> por resolução de Consulta de 14 de Outubro de 1769; e conformando-me também com os pareceres do Comissário da Bahia, e do Rio de Janeiro, julgo será competente a quantia de trezentos mil réis, pelo que
>
> Parece-me que V. Majestade seja servido prover em Professor Régio, de Gramática Latina em a Vila de Vitória cabeça da Capitania do Espírito Santo a Domingos Fernandes Barbosa e Torres de Pita Rocha, com o ordenado de trezentos mil reis em cada ano. Lisboa, 17 de Junho de 1770. Dom Tomas Principal de Almeida, Diretor Geral dos Estudos.[8]

Outras dificuldades muito comuns em várias capitanias era a demora no recebimento dos livros indicados pelas novas orientações, em substituição aos usados pelos jesuítas, bem como a demora na liberação das cartas de provisão para os professores. Nesse primeiro momento, segundo testemunho do próprio D. Tomás de Almeida, o governo parecia por demais ocupado com assuntos considerados mais importantes, por isso acumulava os despachos relativos ao ensino, tanto para o Reino quanto para o ultramar.[9] Como forma de remediar a situação, o rei chegou a autorizar o envio de professores régios para as conquistas sem as cartas de provisão e sem o estabelecimento dos ordenados a partir de Lisboa, deixando essa incumbência para os governadores das capitanias.

A partir do início da segunda fase das reformas, com as leis de novembro de 1772, que reformaram de maneira mais completa os estudos menores e criaram o subsídio literário, intensificou-se o processo de escolarização por meio da criação de maior número de aulas régias, da realização de exames para provimento das cadeiras, do estabelecimento mais nítido dos valores dos ordenados dos professores, e de algumas normas gerais de administração e controle sobre o trabalho docente.

---

[8] Sobre Sua Majestade fazer mercê a Domingos Fernandes Barbosa e Torres de Pita Rocha de o prover em uma cadeira de Professor Régio de Gramática Latina em a Vila de Vitória cabeça da Capitania do Espírito Santo. ANTT/Ministério do Reino, Lv. 417, fls. 180-180v.

[9] Cartas diversas de D. Tomás de Almeida. ANTT/Manuscritos da Livraria LIV 2596.

Embora já expressivos na década de 1770, foi a partir da década de 1780 que vemos aumentar os registros relativos às aulas régias, em diversas capitanias da América portuguesa. Observa-se, então, maior número de professores, nem sempre, é bom lembrar, correspondendo ao número de cadeiras. Isso se explica pela presença significativa de substitutos, principalmente nas regiões mais urbanizadas, como é o caso da Capitania de Minas Gerais, e das áreas dos maiores centros urbanos, como Rio de Janeiro e Recife, por exemplo. A existência de uma administração específica, mesmo alterada várias vezes – primeiro com a extinção da Diretoria-Geral dos Estudos e a transferência da gerência para a Real Mesa Censória (1772), posteriormente para a Real Mesa da Comissão Geral sobre o Exame e Censura dos Livros (1787), depois para a Universidade de Coimbra (1791) e finalmente para a Junta da Diretoria-Geral dos Estudos (1794) – obrigava ao funcionamento centralizado, por isso temos importante documentação de comunicação entre os professores e os administradores. Essa comunicação tratava de assuntos como os pedidos dos substitutos para que fossem providos nas cadeiras em que já atuavam há muito tempo; os pedidos dos postulantes para ser providos em cadeiras que se achavam vagas; os pedidos de pagamento dos ordenados atrasados; os pedidos de dispensa da apresentação de documentos comprobatórios do trabalho para o recebimento dos ordenados; as reclamações sobre condições de trabalho precárias, como a falta de local adequado para as aulas; os pedidos de licença, quase sempre devido a problemas de saúde; os pedidos de concessão das aposentadorias; os pedidos para abertura de aulas particulares por professores régios, como forma de complementação de suas rendas.

Muitas dessas petições são interessantes documentos não apenas naquilo que confirmam sobre essas dificuldades nas relações entre os funcionários e o Estado, mas também porque permitem o vislumbre de parte das vidas desses indivíduos e de suas relações nas comunidades onde viviam e trabalhavam. Em 1780, o professor de gramática latina de Vila Rica, o padre Antonio Correa de Souza e Mello encaminhou ao procurador da Câmara da Vila uma petição em que reclamava de uma ordem que teria chegado ao Tribunal da Junta da Fazenda, para que não fosse pago a ele o seu ordenado como professor. Indignado, ele relatou ao Procurador sua trajetória de vida e sua formação eclesiástica e atuação como professor régio, e reuniu diversas testemunhas, homens de destaque na Vila, para falarem a seu favor. Antonio Correa de Souza e Mello era natural de Vila Rica, onde fora criado na casa de seus pais e, depois de completar os primeiros estudos, foi ordenado Presbítero Secular do Hábito de São Pedro, e estudou lógica no seminário de Mariana. Determinado a estudar Cânones na Universidade de Coimbra, mudou-se para Portugal, mas uma moléstia nos olhos obrigou-o a abandonar a Universidade[10] e, enquanto se recuperava, prestou exames junto à Real Mesa Censória, foi aprovado e provido como Mestre de gramática latina para Vila Rica, onde se estabeleceu com sua escola. Segundo ele, e diversas de suas testemunhas, sua escola sempre havia funcionado sem interrupções nem turbulências, e nos estudos estiveram

> [...] filhos dos moradores dela [da Vila Rica], que nele se quiseram aplicar ao exercício das Letras, e do mesmo Estudo, saíram alguns a ordenar-se sacerdotes, e outros a seguir as Armas, sentando praças de soldados no Regimento da Cavalaria paga destas Minas, e no mesmo se acham alguns que foram discípulos do suplicante, em oficiais do mesmo Regimento.[11]

Em atestação passada ao padre Manoel da Paixão e Paiva, a Câmara da Vila de São João del Rei deixava entrever as condições de vida nada confortáveis para alguns professores, incluindo os sacerdotes. No documento, os camaristas atestavam que o padre Manoel fora substituto do reverendo Marçal da Cunha e Mattos enquanto este estivera doente, continuando depois que ele se demitira do cargo. Assim, restou ao padre Manoel se conservar nele, ensinando exemplarmente por dois anos. Era, portanto, digno de ser provido na cadeira de gramática latina, não apenas por suas qualidades como professor, mas também porque,

---

[10] Ele não consta como matriculado na Universidade de Coimbra na lista organizada por Virginia Trindade Valadares. Ver VALADARES (2004, p. 495-502).

[11] Justificação do Pe. Antonio Correa de Souza e Mello. BGUC/Manuscrito Mç 1339. O documento traz, nos depoimentos de algumas testemunhas, nomes de alunos do professor.

> [...] com toda a claridade sustenta a sua Mãe viúva, sua Irmã de maior idade, um Irmão cego, uma cunhada viúva e paralitica, duas sobrinhas menores e sobrinhos, que esperam todos da sua piedosa liberalidade os alimentos, que necessitam, sem que ele tenha mais que o fruto de suas Ordens, com as quais não pode satisfazer tão onerosas pensões.[12]

Outra questão que podia atormentar os professores era a sua aposentadoria, que, por não ser considerada na época um "direito" depois de anos de trabalho, precisava ser requerida à direção dos estudos ou mesmo ao rei. Isso porque, quando a provisão recebida era por tempo determinado (de 3 a 6 anos, em média), podia ser renovada muitas vezes até que a direção dos estudos considerasse adequado e necessário, ou enquanto o próprio professor a quisesse requerer; em outros casos, professores podiam receber provisões sem limite de tempo. Em qualquer situação, a permanência na cadeira deveria ser observada, em cumprimento dos prazos preestabelecidos, a não ser em caso de falecimento ou de demissão, ou mesmo de abandono do cargo. Muitos professores foram estáveis em seus postos durante muitos anos e tiveram que requerer à coroa suas aposentadorias, por não terem mais condições de exercer o magistério.

Um dos casos mais interessantes que encontrei refere-se a um professor que atuou em Macau, na China e, apesar da distância geográfica do foco da atenção deste livro, creio que compensa apresentá-lo. José dos Santos Baptista e Lima recebeu sua nomeação para a cadeira de gramática latina na Cidade do Nome de Deus, na China, para onde se dirigiu em longa e penosa viagem, às suas próprias custas. Ao chegar, verificou que seus futuros alunos não tinham bom conhecimento do Português, falando uma linguagem mista com o Chinês. Por isso, se viu "obrigado a ter o enfadonho trabalho de lhe ensinar justamente a língua portuguesa", muitas vezes precisando de um intérprete. Sua provisão era válida por três anos, e ele acabou por solicitar à coroa a sua renovação, argumentando que não deveria ser interrompido o

---

[12] Requerimento do padre Manoel da Paixão e Paiva. 1805. ANTT/Ministério do Reino, Mç. 3518. Ver estudo sobre este documento em: FONSECA (2007).

processo de ensino que fora iniciado. Em 1777, a Rainha D. Maria I não apenas concedeu-lhe provisão por tempo indeterminado, como também consentiu um aumento do seu ordenado, em vista das dificuldades adicionais que o professor encontrava para ensinar devidamente a gramática aos "nacionais de Macau". Em 1803, depois de mais de trinta anos de trabalho, "com zelo, atividade e aproveitamento dos seus discípulos como é notório", ele novamente se dirigiu à coroa, porque estava "avançado em idade, cheio de moléstias, e cansado pelas suas fadigas literárias a que por tantos anos se tem aplicado", pedindo "a Vossa Alteza Real a Graça de lhe premiar os serviços e penosos trabalhos que tem feito ao Estado em uma colônia tão remota, aposentando ou jubilando o suplicante na referida cadeira vencendo o seu ordenado por inteiro". Caso o jubilamento não fosse possível, pedia ele ao rei que nomeasse seu filho, nascido em Macau, como seu substituto, o que de fato ele já vinha fazendo, devido ao seu frágil estado de saúde. José dos Santos Baptista e Lima teve suas solicitações atendidas, e seu filho José de Miranda Baptista de Lima foi considerado apto e bem preparado, assumindo as cadeiras de seu pai.[13]

Esses casos que aqui apresentei indicam a complexidade e a diversidade das situações nos quadros das aulas régias em todo o Império português, fazendo com que as autoridades responsáveis – não obstante a existência de alguns instrumentos de ordenamento e controle – tivessem que procurar adequações para a solução dos diferentes problemas que se apresentavam.

Voltemos ao Brasil. Nos reinados de D. Maria I e de D. João VI (principalmente em seu período de regência), a situação dos estudos na América mostrou-se preocupante, e vários instrumentos administrativos foram produzidos com o objetivo de corrigir distorções e enrijecer, ao menos como intenção, a fiscalização sobre as atividades dos professores e sobre a utilização dos recursos do Subsídio Literário.[14]

---

[13] Requerimento de José dos Santos Baptista e Lima. 1803. ANTT/Ministério do Reino, Mç. 3518.

[14] Ordens expedidas para o Brasil sobre as escolas de primeiras letras/Cartas enviadas às Capitanias do Brasil tratando das escolas menores. BNRJ/Manuscritos/Coleção Linhares. Cóp. MS. 8 doc. Cat. Linhares nº 313.

Apesar da centralização, o controle das atividades dos professores e sua remuneração falhava em muitos pontos, também devido às sucessivas mudanças na administração dos estudos. Como as provisões eram em geral concedidas por períodos determinados, e a fiscalização não se mostrava eficaz, às vezes verifica-se a ocorrência de irregularidades, como professores com as provisões vencidas continuando a receber seus ordenados. Em 1806, por exemplo, a Secretaria da Junta de Administração e Arrecadação da Real Fazenda do Maranhão constatando uma situação dessa natureza,

> [...] encontrou, pelo que pertence aos Professores das Escolas desta Cidade, que unicamente Dionizio Rodrigues Franco, Mestre de Filosofia e Luiz Manoel de Araújo, de Gramática Latina, tem titulo justo e legal, como é Carta de Mercê Vitalícia assinada pelo Real Punho, que passou pela Chancelaria, para serem incluídos em folha, perceberem o respectivo ordenado; o que assim não acontece a João Rodrigues Chaves, Mestre Substituto de Primeiras Letras por se achar extinta a Provisão que se lhe passou pela abolida Mesa da Comissão Geral sobre o exame e Censura dos Livros em vinte e sete de Novembro de mil setecentos e noventa e dois, por tempo de seis anos, que tendo principio em quinze de julho de mil setecentos noventa e três se findaram em mil setecentos noventa e nove, tendo desde este tempo percebido sem titulo o ordenado que se lhe tem pago, e a Vicente Jorge Dias Cabral, Professor de Retórica, porquanto autorizando-se com Carta de Mercê desta Cadeira para ela ter execução efetiva deveria ter passado pela Chancelaria, requisito essencialíssimo na conformidade da ordenação Livro segundo titulo trinta e nove, ratificada pelo Capitulo duzentos quarenta e um das ordenações da Fazenda [...] e como a Carta deste Professor não entrou em Chancelaria fica portanto ilegítima para por ela cobrar-se ordenado concorrendo mais que devendo o vencimento deste com essas desde quando o provido mostra-se ter aberto a Aula e principiado a exercer a sua Cadeira nunca tal mostrou justos motivos porque requeria ele Procurador da Real Fazenda e Coroa se suspendesse o pagamento dos ordenados destes dois Professores passando-se ordem ao Contador que serve de Escrivão Deputado para excluir da folha e pelo respeito ao que tinham recebido indevidamente aquele sem titulo algum, e este com um ilegítimo se desse conta a Sua Alteza Real pela Repartição

competente esperando-se pela Sua Real decisão sobre se o devem restituir, e pagar a Sua Real Fazenda.[15]

As vacâncias nas cadeiras também eram uma constante, por terem sido criadas e não ocupadas, ou por falecimento ou aposentadoria dos seus titulares. Muitas ficavam vagas durante vários anos, mas mesmo diante da situação problemática em relação ao exercício do magistério e de sua remuneração, serviam como atrativo a pessoas que viam aí a oportunidade não apenas de obter um meio de sobrevivência, mas também de alcançar uma melhor posição na sociedade.[16] Por isso, eram muito frequentes os pedidos para nomeação para essas cadeiras, pedidos que eram acompanhados da apresentação da qualificação do solicitante, de explicações sobre suas condições para a prestação dos exames necessários e, às vezes, de uma justificativa fundada na necessidade de obtenção de emprego com remuneração devido às dificuldades de sobrevivência. Motivações dessa natureza levaram Januário José da Silva, na Bahia, a solicitar o emprego, explicando que achava-se

> [...] destituído de todos os meios de subsistência, pois não ficaram ao suplicante por morte de seu pai bens alguns, muito pelo contrario ele se vê na necessidade de socorrer a sua mãe, avó e mais irmãos menores, donde resulta viverem em uma consternada indigência. E por que nestas circunstancias só lhe resta a insigne e indefectível Piedade de V. Majestade que como benigna Mãe de seus fieis vassalos costuma acudir aos desamparados, como o suplicante, razão por que suplica a V. Majestade a Graça de conferir ao suplicante o lugar da Escola das Primeiras Letras na Freguesia de Santa Ana do Sacramento da dita Cidade da Bahia sua Pátria, pois deste modo poderá o suplicante, sendo útil à sua referida Pátria acudir à sua Mãe viúva e mais família.[17]

---

[15] Cópia de assento da Secretaria da Junta da Administração e Arrecadação da Real Fazenda do Maranhão. ANTT/Ministério do Reino, Mç. 500.

[16] Essa melhor posição poderia advir dos privilégios de nobreza concedidos aos professores ou ao fato de que, tendo certo domínio da leitura e da escrita, e de conhecimentos como a gramática ou a filosofia, poderiam ter reconhecimento e distinção social.

[17] Requerimentos para nomeação e colocação dos professores dos Estudos Menores. ANTT/Real Mesa Censória, Cx. 187.

Januário José da Silva foi atendido em sua demanda, assim como Joaquim Marques Temudo, que solicitou sua nomeação para a cadeira de primeiras letras na Vila de São José do Rio das Mortes, Capitania de Minas Gerais, vaga há mais de cinco anos, para a qual ele se considerava capacitado, como atestava a Câmara da Vila:

> Atestamos que a Cadeira das primeiras letras da Vila de S. José se acha vaga há mais de cinco anos com notável prejuízo dos seus moradores, e que Joaquim Marques Temudo, filho legitimo de Domingos Marques Temudo, freqüentou a Aula de Gramática Latina, na qual sempre distinguiu-se assim pelo seu adiantamento, como pela sua louvável conduta; os quais princípios em si encerram circunstancias necessárias para que o mencionado possa exercer o emprego da mesma Cadeira.[18]

As reformas pombalinas da educação propiciaram relativa expansão da escolarização se considerarmos sua concentração institucional anterior, nas mãos da Companhia de Jesus e de algumas outras ordens religiosas. Isso acabava por significar também concentração geográfica nas áreas onde se situavam as escolas dos regulares. Mesmo levando-se em conta a existência, em várias capitanias, do ensino particular – e não me refiro à chamada educação doméstica, em que o ensino das primeiras letras era ministrado em casa – é inegável que a criação das aulas régias e de todo o aparato relacionado, ajudou a iniciar o processo de formalização do ensino e da profissão docente na América portuguesa. No *Mapa dos Professores e Mestres das Escolas menores e das terras em que se acham estabelecidas as suas aulas e escolas neste Reino de Portugal e seus Domínios*, anexo à Lei de 6 de novembro de 1772, indica-se a criação de 44 cadeiras na América, ou seja, lugares para professores. As capitanias contempladas foram Pernambuco (11 cadeiras), Bahia (10 cadeiras), Minas Gerais (8 cadeiras), Rio de Janeiro (7 cadeiras), São Paulo e Pará (3 cadeiras cada) e Maranhão (2 cadeiras). Em alvará de 11 de novembro de 1773, foi definido o aumento do número de aulas e para a América foram criadas apenas mais duas, ambas na Capitania de Minas Gerais, na Comarca do Rio das Mortes.

---

[18] Requerimentos vários. ANTT/Ministério do Reino, Mç. 3518.

Mapa dos professores e mestres das escolas menores e das terras em que se acham estabelecidas as suas aulas e escolas neste Reino e seus Domínios (Anexo à Lei de 6 de novembro de 1772)

Capitania	Cadeiras					
	Primeiras Letras	Gramática Latina	Língua Grega	Retórica	Filosofia	Total
Pernambuco	4	4	1	1	1	11
Bahia	4	3	1	1	1	10
Minas Gerais	4	3	-	1	-	8
Rio de Janeiro	2	2	1	1	1	7
São Paulo	1	1	-	1	-	3
Pará	1	1	-	1	-	3
Maranhão	1	1	-	-	-	2
						44

Na Capitania de Minas Gerais novas aulas régias surgiram depois disso como resultado também das demandas das localidades, principalmente quando estivesse em jogo a arrecadação do subsídio literário, conforme já comentado. Mesmo não tendo ainda dados completos sobre o número de aulas efetivamente criado depois dessa legislação, é possível construir um quadro parcial de algumas comarcas da Capitania. O número de aulas não poderia corresponder, como já observei, ao número de professores identificados no período de vigência do sistema de aulas régias. Primeiro porque muitas dessas aulas persistiram durante várias décadas, e por elas passaram diferentes professores. Segundo, porque num mesmo período, poderia haver mais de um professor ocupando a mesma cadeira, quando o efetivo estivesse afastado por algum motivo, e um substituto – ou mais de um – estivesse em exercício e registrado perante a administração dos estudos. Com base em levantamento realizado em documentação disponível no Brasil e em Portugal, organizei alguns dados que podem ajudar a construir um quadro das aulas régias na Capitania de Minas Gerais, no período de 1772 a 1834.[19]

---

[19] As fontes provêm dos Arquivos do IPHAN em Minas Gerais (Casa Borba Gato de Sabará, Casa Setecentista de Mariana, Casa do Pilar de Ouro Preto, Museu Regional de São João del Rei), do Arquivo Eclesiástico da Arquidiocese de

Um conjunto de documentos publicados na Revista do Arquivo Público Mineiro com o titulo "Dados sobre a instrução pública" (1902)[20], que é um levantamento das cadeiras existentes na Capitania de Minas Gerais entre 1800 e 1814, apresenta informações que necessitam de confrontação com outros documentos. Apesar de realizado pela Junta da Fazenda de Minas Gerais, com base nos seus próprios dados sobre a arrecadação do subsídio literário e os pagamentos feitos aos professores régios, o levantamento é falho em diversos pontos, pois computa como vagas muitas cadeiras que estavam ocupadas, omite professores que constam nas listas de pagamentos da Fazenda no mesmo período, além de não cobrir rigorosamente todo o período de 1800 a 1814, considerando-se as possíveis variações nesses anos em relação às cadeiras vagas e ocupadas. Confrontando o levantamento constante nesse documento com o que temos, verificamos que, somente para a Comarca de Vila Rica, obtivemos os mesmos resultados para aquele período. Para as demais comarcas, os dados apresentados pela Fazenda Real computam um número maior de professores e não distingue os professores efetivos dos substitutos. Além disso, a compilação realizada pela Revista do Arquivo Público Mineiro em 1902 apresenta um quadro relativo ao total de dados naqueles quatorze anos, mas as tabelas detalhadas dizem respeito somente ao ano de 1800. Isso demonstra a necessidade de aprofundamento do estudo da documentação – nos arquivos brasileiros e portugueses – no intuito de elaborar sínteses com informações mais precisas e mais organizadas.

Portanto, sem os dados oficiais precisos acerca do número de cadeiras, trabalhei aqui com o número de professores oficialmente registrados, sem confirmação das datas de início e término das atividades

---

Mariana, do Arquivo Público Mineiro em Belo Horizonte, da Biblioteca Nacional do Rio de Janeiro, dos Arquivos Nacionais da Torre do Tombo em Lisboa, da Biblioteca Nacional de Lisboa e da Biblioteca Geral da Universidade de Coimbra. Os marcos cronológicos referem-se, respectivamente, à lei de 1772, e à extinção do subsidio literário.

[20] José Ferreira Carrato (1968) utilizou este mesmo documento em sua análise sobre as aulas régias em Minas Gerais.

de todos eles. Em Vila Rica, por exemplo, encontramos 19 professores régios trabalhando entre 1773 e 1820, nas cadeiras de primeiras letras, gramática latina, Gramática Portuguesa, Desenho e História. Havia casos de superposição de dois professores na mesma cadeira, quando se tratava de casos de substituição. Os registros confirmam essas situações, pois os professores substitutos eram pagos à custa dos colegas substituídos, e isso era usado como justificativa reforçadora dos seus constantes pedidos de pagamento dos ordenados em atraso. Como eram obrigados a apresentar atestados e declarações confirmando o exercício do magistério e o regular funcionamento das aulas, eles deviam declarar a presença dos seus substitutos. Os casos de enfermidades eram os mais comuns nas situações de substituição, além dos afastamentos para o exercício de outras funções públicas ou eclesiásticas. Como havia um número expressivo de padres entre os professores régios, não raro eram deslocados para outros lugares por ordem do bispo, por isso tinham que colocar um substituto em seu lugar nas cadeiras, o que garantia o recebimento dos ordenados.

Os gráficos 1 e 2 demonstram, por comparação, a presença dos professores régios na Capitania de Minas Gerais, no período entre a criação das aulas para a instrução elementar e a extinção do subsidio literário.

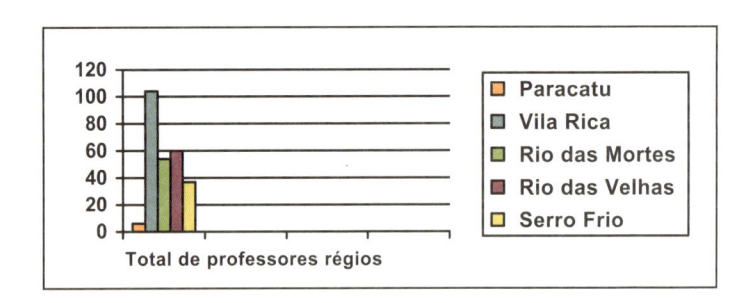

Gráfico 1 – Professores Régios Minas Gerais (1772-1834) – Total por Comarcas

Fonte: Arquivos Nacionais da Torre do Tombo, Lisboa (Fundos Ministério do Reino, Real Mesa Censória); Biblioteca Nacional do Rio de Janeiro (Coleção de Manuscritos); Arquivo Público Mineiro (Fundo Casa dos Contos). O total apurado é de 261 professores, entre efetivos e substitutos. A Comarca de Paracatu passa a contar a partir de sua criação em 1815. Antes dessa data, considera-se a Vila de Paracatu como parte da Comarca do Rio das Velhas.

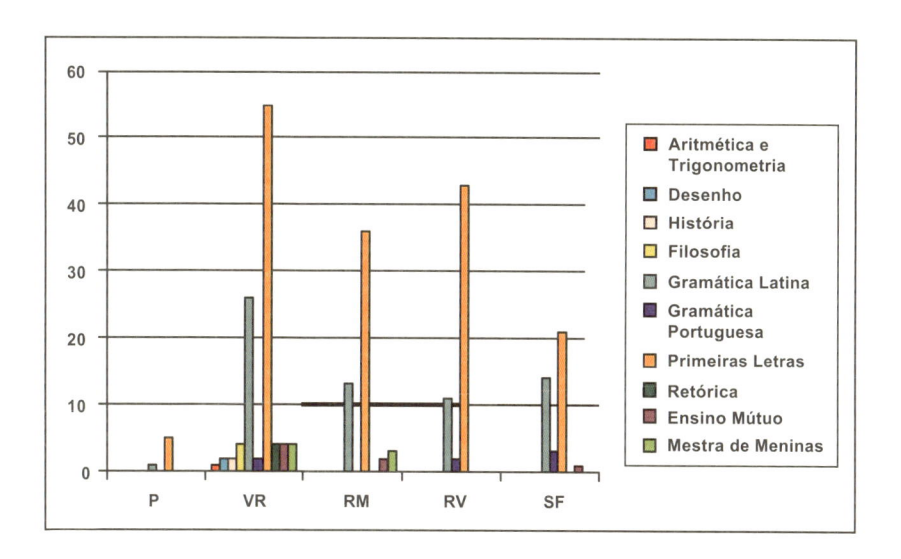

Gráfico 2 – Professores Régios Minas Gerais (1772-1834) – Cadeiras por Comarcas

P= Paracatu VR= Vila Rica RM= Rio das Mortes RV= Rio das Velhas SF= Serro Frio.

Fonte: Arquivos Nacionais da Torre do Tombo, Lisboa (Fundos Ministério do Reino, Real Mesa Censória); Biblioteca Nacional do Rio de Janeiro (Coleção de Manuscritos); Arquivo Público Mineiro (Fundo Casa dos Contos).

A Comarca de Vila Rica era, entre todas, a que apresentava o maior número de professores régios de todas as cadeiras. A presença do Seminário de Mariana certamente ajudou a elevar esse índice, pois muitos professores régios ministravam suas aulas no próprio seminário. Nessa Comarca encontravam-se, por exemplo, as cadeiras de filosofia e retórica, além das primeiras letras, gramática latina, gramática portuguesa, desenho, história, aritmética e trigonometria. Em toda a Capitania de Minas Gerais predominavam as aulas de primeiras letras e de gramática latina, e algumas tendências podem ser verificadas segundo os dados coletados sobre a distribuição geográfica e cronológica dessas aulas ao longo do período 1772-1834.

Em geral, a existência das aulas de gramática latina superou ou igualou as de primeiras letras nos primeiros tempos da implantação das aulas régias após a lei de 1772 e a criação do subsídio literário. No entanto, à medida que era aumentada a rede das aulas, principalmente pelo número de professores envolvidos, as primeiras letras se estenderam mais amplamente pela Capitania, não só aparecendo em número maior de localidades como empregando maior número de professores, sobretudo a partir da segunda década do século XIX – mais intensamente depois da instalação da corte portuguesa no Rio de Janeiro. A consolidação da cobrança do subsídio literário fez aumentar as demandas de muitas localidades pela abertura de aulas, não somente como forma de compensar e justificar o pagamento do tributo, mas também como expressão de uma pretensão genuína de permitir o acesso da população – das crianças e dos jovens – à cultura escrita. Essa era uma estratégia para a melhoria das posições sociais, na medida em que permitia o ingresso em funções da administração colonial ou fornecia elementos para a obtenção de rendas por meio do emprego como escreventes autônomos ou como professores particulares. Daí a maior demanda pelas aulas de primeiras letras, que não apenas permitiam esse acesso nos níveis mais elementares, como também apresentavam maior facilidade no recrutamento de professores, por exigirem menor qualificação. Os gráficos 3, 4, 5 e 6 indicam esses movimentos das aulas de primeiras letras e de gramática latina, em cada uma das comarcas integrantes da Capitania de Minas Gerais.[21]

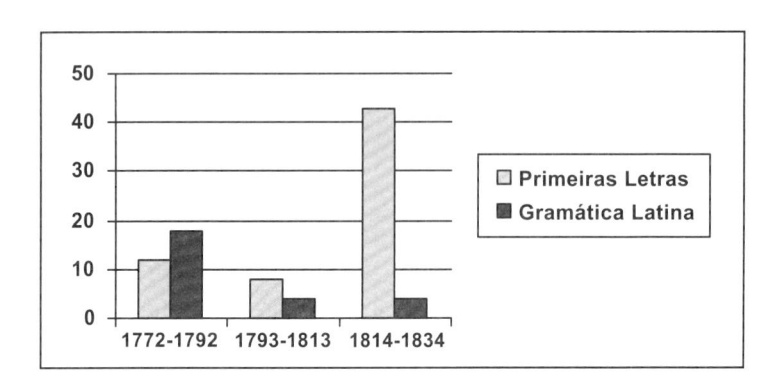

Gráfico 3 – Professores Régios de Primeiras Letras e Gramática Latina – Comarca de Vila Rica

---

[21] Fontes: Arquivos Nacionais da Torre do Tombo, Lisboa (Fundos: Ministério do Reino, Real Mesa Censória); Biblioteca Nacional do Rio de Janeiro (Coleção de Manuscritos); Arquivo Público Mineiro (Fundo Casa dos Contos).

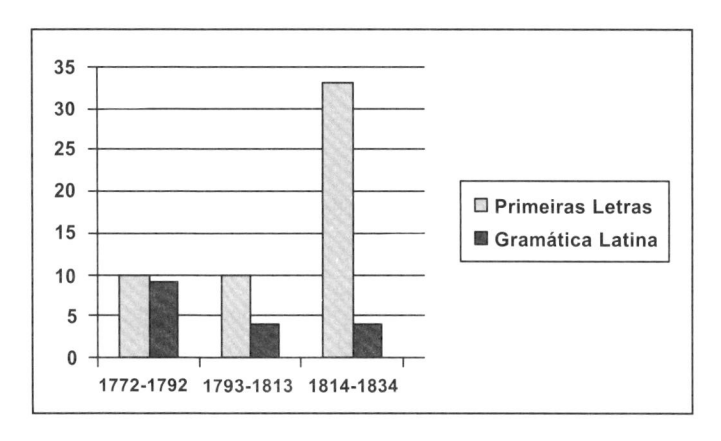

Gráfico 4 – Professores Régios de Primeiras Letras
e Gramática Latina – Comarca do Rio das Velhas

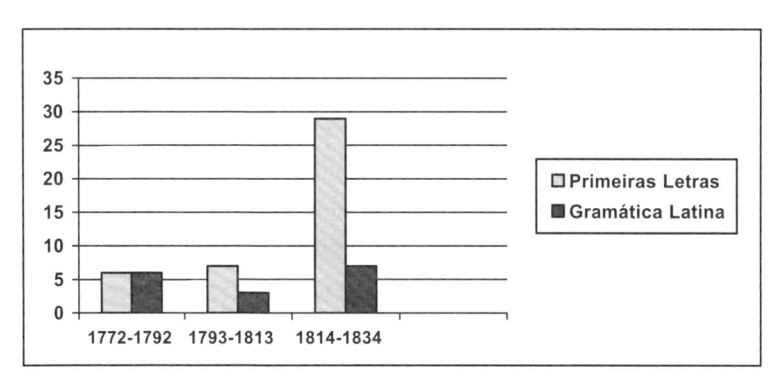

Gráfico 5 – Professores Régios de Primeiras Letras
e Gramática Latina – Comarca do Rio das Mortes

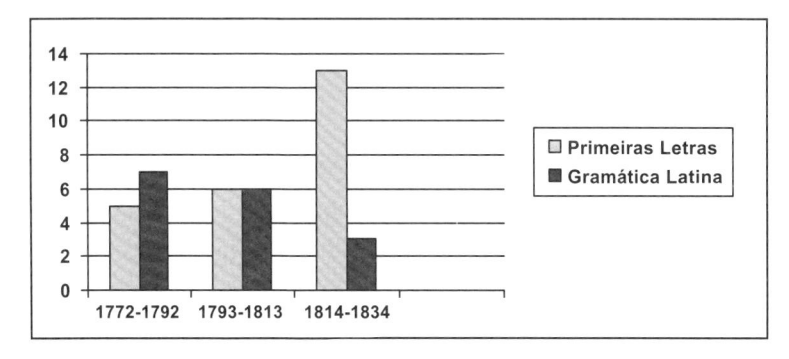

Gráfico 6 – Professores Régios de Primeiras Letras
e Gramática Latina – Comarca do Serro Frio

Na elaboração dos gráficos usei períodos de vinte anos, considerando ser esse um tempo de permanência observável de um professor régio no magistério, nessas regiões. Embora não seja regra geral – as variações são grandes, inclusive levando-se em conta a atuação dos professores substitutos – foi possível detectar a permanência dos professores dentro desses marcos, havendo uns poucos que estiveram na ativa entre o final de um período e o início do outro. Na Comarca de Vila Rica, por exemplo, temos os casos dos professores que exerceram o magistério por mais de dez anos, entre o final do século XVIII e início do século XIX: Antônio Leonardo da Fonseca (primeiras letras), Felipe Neri de Castro (gramática latina), Joaquim José Benavides (primeiras letras), Manoel Ferreira Melo (primeiras letras), Manoel José da Cunha (primeiras letras), Salvador Peregrino Aarão (retórica), Silvério Teixeira de Gouvêa (gramática latina).

O mesmo quadro verifica-se nas demais comarcas da Capitania de Minas Gerais. Na Comarca do Rio das Velhas, trabalharam Francisco de Paula Pereira (primeiras letras), João Batista Teixeira (primeiras letras), Joaquim José Pereira (primeiras letras), Luis Álvares dos Santos Bueno (gramática latina). Na Comarca do Rio das Mortes, Francisco José de Sampaio (gramática latina), José Pedro da Costa Batista (primeiras letras), Manoel da Paixão e Paiva (gramática latina), Marçal da Cunha Matos (gramática latina). Na Comarca do Serro Frio o tempo médio de permanência dos professores régios era bem menor em comparação ao restante da Capitania. Entre os professores sobre os quais temos registros mais precisos, apenas um, Antônio Gomes Chaves, alcançou mais de 15 anos na cadeira de primeiras letras. É verdade também que a Comarca do Serro Frio, menos populosa, foi aquela que apresentou o menor número de cadeiras e de professores.

Os dados para a apuração do tempo de exercício do magistério são ainda instáveis, porque são poucos os registros precisos sobre as datas inicial e final da atuação desses professores. Para alguns existem os registros sobre quando receberam a provisão para a ocupação das cadeiras, os períodos de atuação (incluindo as licenças) e, às vezes, a data de sua aposentadoria, morte ou demissão. Muitos professores exerceram o magistério até o seu falecimento, e seus herdeiros e/ou testamenteiros tinham que se encarregar do recebimento do pagamento dos ordenados, sempre atrasados.

Em relação à distribuição geográfica, é interessante observar que a localização das aulas régias acompanha o movimento de urbanização da Capitania, o que corrobora as hipóteses levantadas por Myriam Xavier Fragoso, na década de 1970, de que a disseminação das aulas dispersava-se em territórios mais afastados dos núcleos urbanos e mais distantes dos centros de poder, como ocorrera na Capitania de São Paulo. É possível constatar essa relação na Capitania de Minas Gerais, onde a quantidade desses núcleos foi maior do que em outras partes da América portuguesa e onde as áreas mais povoadas tiveram maior número de aulas e de professores régios. O mapa a seguir demonstra essa distribuição no período de 1772 a 1834.

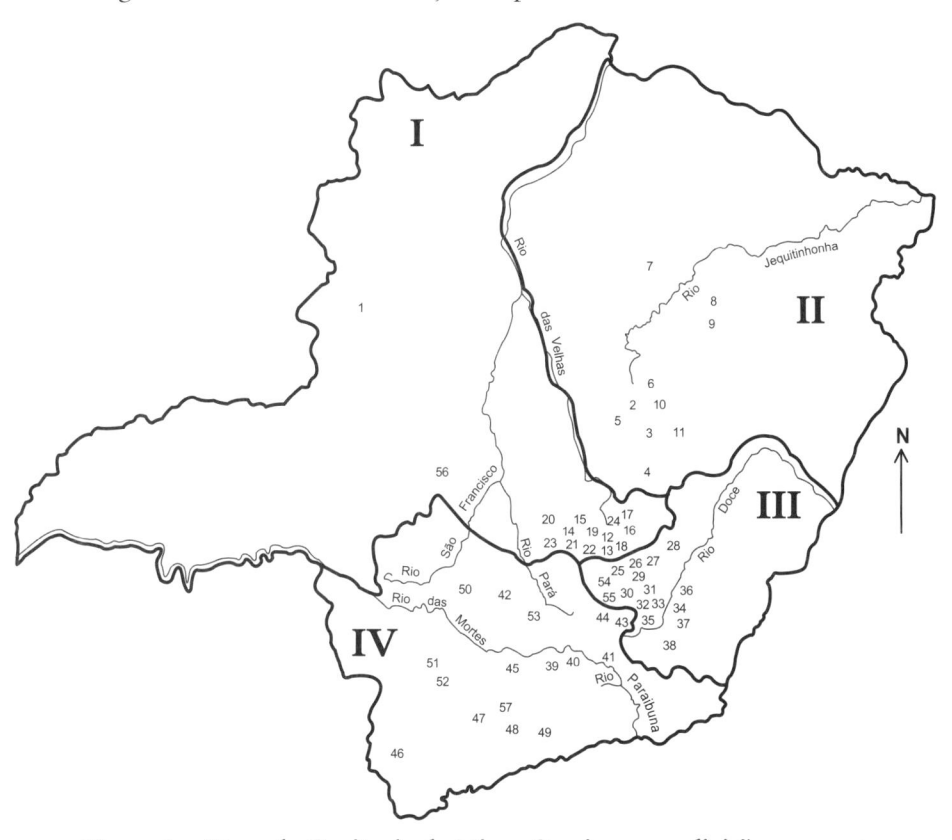

Figura 1 – Mapa da Capitania de Minas Gerais com a divisão em quatro comarcas: Rio das Velhas-I; Serro Frio-II; Vila Rica-III; Rio das Mortes-IV. A divisão das Comarcas foi baseada em mapa disponível em: BOSCHI, Caio César. *Os leigos e o poder. Irmandades leigas e política colonizadora em Minas Gerais*. São Paulo: Ática, 1986. Ver no Anexo "Tabela de correspondência das localidades" os nomes antigos e atuais das localidades.

Professores régios e os modelos de bons costumes

A partir da década de 1780 foi expressivo o aumento do número de professores régios na Capitania de Minas Gerais e, conforme vimos, concentrados nas cadeiras de primeiras letras e de gramática latina. Vivendo e trabalhando em diferentes regiões, eles tiveram importante participação na vida social e cultural, exercendo naquele período uma atividade sobre a qual ainda há muito que investigar. Diferentes eram as suas origens e trajetórias pessoais: muitos nascidos em Portugal, muitos no Brasil; um número expressivo deles eram padres; havia os nascidos no seio de famílias legalmente constituídas; outros eram filhos naturais, alguns expostos. A reconstituição de algumas dessas trajetórias ajuda a lançar luzes sobre o problema do funcionamento da estrutura do ensino régio na América portuguesa e da inserção dos professores como grupo profissional na sociedade colonial. Ao jogar o foco sobre alguns desses indivíduos, levei em consideração, de maneira determinante, a disponibilidade de fontes sobre eles e suas atividades, num procedimento que, de alguma maneira, se aproxima das intenções da micro-história (REVEL, 1998; LEVI, 1992; GINZBURG, 1991). Em relação a alguns, ficou evidenciada uma atuação mais marcante nas localidades onde viveram e trabalharam, pelo seu grau de envolvimento em diversas instâncias da vida local e pelas relações que estabeleceram com seus contemporâneos.

Na Comarca de Vila Rica as situações eram mais diversificadas, pela maior quantidade de cadeiras – o que chegou a permitir o agrupamento de professores num mesmo espaço – e pela presença do Seminário de Mariana, no qual algumas dessas cadeiras funcionavam. Como já mencionei, não foi incomum que alguns professores permanecessem até por algumas décadas em suas atividades profissionais e que parte importante de suas relações fosse construída tendo-as como ponto irradiador. A posição de alguns favorecia essa situação, por exemplo, aqueles que eram também sacerdotes e, como tal, atuavam paralelamente ao exercício do magistério régio. Padre era o professor Antônio Leonardo da Fonseca, natural de Guarapiranga, termo de Mariana, onde havia sido exposto em casa de Pedro da Fonseca, que o criara. Professor de primeiras letras, atuou por mais de 20 anos com sua aula em Vila Rica, de 1788 (Villalta, 2007, p. 281) até pelo menos 1810, e sua longa permanência pode ter explicação no fato de que sua provisão não tinha limitação de tempo.[22] Desde sua nomeação até 1809, Antônio Leonardo da Fonseca exerceu o magistério sem interrupções, tendo recebido atestações regulares da Câmara de Vila Rica pelo cumprimento de suas obrigações. Essas atestações eram importantes porque legitimavam o exercício do magistério e eram a garantia do recebimento dos ordenados. Os lapsos de tempo entre um pagamento e outro eram grandes, e parece ter sido situação inerente ao funcionamento das aulas régias os grandes atrasos nos ordenados dos professores, o que provocava, obviamente, grandes transtornos para eles.

As atestações seguiam um padrão e traziam os elementos necessários para o reconhecimento do pleno exercício profissional daquele funcionário. Como os ordenados deveriam ser pagos trimestralmente, era essa a periodicidade dos atestados emitidos pelas câmaras para a Fazenda Real realizar os pagamentos:

> O Juiz Presidente, e mais oficias da Câmara desta Vila Rica de Nossa Senhora do Pilar de Ouro Preto e seu termo.
>
> Atestamos que o Padre Antonio Leonardo da Fonseca, Mestre Régio de Ler desta Vila, tem a sua Escola aberta, e cumpre com as suas obrigações, a exceção de algumas moléstias e não ficou fechada durante elas e por isso se faz digno de todos os merecimentos. Por ser o referido verdade, e por nos ser pedida a mandamos passar por nós assinada e selada com o selo das Reais Armas que nesta Câmara serve, Vila Rica em Câmara de 26 de maio de 1798. Marcos José Rebelo Escrivão da Câmara que o subscrevi. Antonio Alvarez de Oliveira Maciel. Manoel Dias Pacheco. João Quintino de Oliveira. Domingos d'Amorim Lima.[23]

---

[22] Folha de Pagamento. APM/CC-1524. fl.12.

[23] Atestados informando que o padre Antônio Leonardo da Fonseca, mestre régio de ler, tem sua escola aberta cumprindo com suas obrigações, por isso é digno de todo o merecimento. BNRJ/Manuscritos. I - 25, 33, 003.

Seus deveres como sacerdote levaram Antonio Leonardo da Fonseca a solicitar licença da atividade como professor, sendo substituído por Joaquim Ferreira de Azevedo, que daí em diante, manteve-se como seu substituto em outras ocasiões, devido aos problemas de saúde que o acometeram em sua última década de vida. Doente, ele fez seu testamento pouco mais de um ano antes de sua morte, em 1821, deixando três escravos, alguns objetos pessoais, uma casa e alguns livros: 4 tomos de *Theologia Moral*, 4 tomos de *Parocho Instruído*, 2 tomos de *Historia Universal*, 1 um de *Compendio*.

Também padre, Joaquim Anastácio Marinho Silva era nascido em São Gonçalo do Rio Acima, filial da Matriz de Santa Bárbara, Comarca do Rio das Velhas. Fez sua carreira eclesiástica nessa mesma região, vivendo e atuando como vigário na Vila Nova da Rainha de Caeté. Sua atividade como professor de gramática latina, no entanto, havia sido exercida na Vila de Pitangui, distante cerca de 130 quilômetros. Joaquim Anastácio Marinho Silva vivenciou as principais dificuldades pelas quais passava a maioria dos professores régios no Império português, principalmente quanto ao recebimento atualizado dos seus ordenados. Como os demais, ele apresentava atestações trimestrais do exercício do magistério, quase sempre no momento de seu vencimento, e devido às dificuldades de viagem, nomeou um procurador em Vila Rica para receber os seus ordenados. Essa era, aliás, a prática recorrente daqueles que viviam e trabalhavam em localidades mais distantes da capital, o que certamente contribuía para aumentar ainda mais os atrasos no recebimento dos ordenados. Gravemente enfermo quando fez seu testamento, em 1806, o padre mestre Joaquim Anastácio tinha ordenados ainda por receber, correspondentes a quase um ano de trabalho,[24] além dos rendimentos e terças partes das côngruas como vigário em Caeté, e do tempo em que havia sido capelão na filial de São João Batista. O inventário do padre mestre ainda não foi localizado, mas é bastante provável que ele tenha falecido sem receber esses pagamentos.

---

[24] Os professores de gramática latina recebiam o ordenado de 400 mil réis, pagos aos quartéis, ou seja, trimestralmente.

Muitos desses professores régios eram portugueses, sobretudo entre os clérigos, e frequentemente naturais do norte de Portugal. Dois deles, contemporâneos, viveram e ensinaram em Vila Rica, no final do século XVIII: Bento Antônio Maciel, mestre de primeiras letras, nascera nas proximidades da Vila de Guimarães, e Antônio da Costa de Oliveira, mestre de gramática latina, era natural da Vila de Barcelos. Ambos morreram em 1791 e deixaram pequenas bibliotecas, bastante representativas de suas atividades, tanto como sacerdotes, quanto como professores. Como era de praxe, entre seus pertences havia itens que indicavam o funcionamento das aulas em suas próprias casas, principalmente peças de mobiliário e muitos livros. No que foi possível identificar, juntos eles possuíam 58 volumes e vários títulos em comum, constituindo o perfil típico das livrarias de clérigos,[25] com breviários, vidas de santos, missais, títulos como *Manual de Sacerdotes* e *Prática de Confessionário*, além de obras comentadas de autores clássicos como Ovídio, Virgílio e Horário (quase sempre associados ao ensino da gramática latina), obras de Filosofia, dicionários e outras para o ensino do português ou do latim.

Os livros citados em comum nos documentos dos dois mestres foram o *Catecismo de Montpellier*; o *Manual de Teologia Moral*, de Francisco Larraga; uma obra denominada *Concilio Tridentino Comentado*; e obras comentadas de Virgilio e de Horácio (sem identificação de autoria). Bento Antonio Maciel, mestre de primeiras letras, possuía ainda um *Arte de Sintaxe Explicada* e um *Prosódia*, de Bento Pereira, condizentes com o magistério das primeiras letras, cadeira que ele ocupava como substituto. Já o mestre de gramática latina, Antonio da Costa de Oliveira, tinha entre seus livros o *Dicionário Latino* e *Arte Latina*, certamente seus instrumentos de trabalho no ensino da Gramática. Ao menos sobre esse mestre português há informação sobre

---

[25] Segundo Luiz Carlos Villalta (1995, p. 20), os clérigos eram possuidores destacados de bibliotecas em Portugal, no século XVIII, e suas coleções eram constituídas, principalmente, por "primeiro, obras religiosas, místicas e hagiológicas e sermões; depois, títulos de teologia; em seguida de história; e, por fim, de literatura". Para identificar alguns dos livros constantes nos inventários e testamentos dos dois padres, utilizei, além dessa obra citada, também VILLALTA (2007a).

parte do seu processo de formação, pois ele mesmo declarou que fora estudante nas aulas públicas da cidade de Braga, e "passando a estas Minas sempre nela (*sic*) me exercitei em ensinar gramática e por isso tudo o quanto nelas se me achar são bens adquiridos das quais".[26] Ele recebeu sua provisão para o ensino de gramática latina em 1787 e nele se conservou até seu falecimento.[27]

Se, em certa medida, esses mestres traziam de Portugal experiências de sua formação escolar e de sua inserção na cultura escrita, eles também se envolviam com o ambiente já marcado por ela, nas Minas Gerais do final dos setecentos. O convívio com outros professores, clérigos ou não, nas localidades onde viveram e trabalharam, intensificava esse envolvimento, podendo articular suas atividades profissionais, estreitar as relações entre eles e seus alunos, e expandir a circulação de livros. Esses últimos aspectos podem ser vislumbrados em registros deixados por alguns deles, nos quais se percebe o significado das relações construídas tendo o ensino como mediador. Manoel Caetano de Souza, natural da Comarca de Guimarães e mestre de gramática latina em Guarapiranga, Termo de Mariana, constituiu uma sociedade de ensino com professores do chamado "colégio do Sumidouro", fundado e dirigido por padres. Interagiu marcadamente com esse universo, a ponto de ocupar boa parte do seu testamento com o registro de questões atinentes a ele, mencionando seus colegas de trabalho, vários de seus alunos, encomendando missas para seus discípulos já falecidos e para todos os seus mestres.[28]

As ações decorrentes do trabalho dos professores régios deveriam ter impacto direto no processo de civilização dos povos da América, por meio de uma educação que lhes incutisse as regras de civilidade formando súditos fiéis e ordeiros, e consolidasse os princípios de conduta

---

[26] Inventário de Antonio da Costa e Oliveira. ACP/1o Oficio, códice 1, auto 8.

[27] Registro de provisões para professores dos estudos menores. ANTT/Real Mesa Censória. Livro 24.

[28] Testamento de Manoel Caetano de Souza. AEAM./Testamentos. Pasta 0879. Inventário de Manoel Caetano de Souza. CSM/Inventários 1º oficio. Cx. 115, Auto 2386.

do bom cristão. Nesse sentido, percebe-se que muitas das ideias defendidas por pensadores como aqueles que analisei no primeiro capítulo foram incorporadas à reforma que se iniciou, a rigor, com a criação da Aula de Comércio, em abril de 1759. Logo no início do texto do Alvará de 28 de junho de 1759, que extinguiu as escolas jesuíticas e instituiu as primeiras orientações para o reordenamento dos estudos, percebe-se a presença dos princípios do iluminismo português, quando afirma que "da cultura das Ciências depende a felicidade da Monarquia, conservando-se por meio delas, a Religião e a Justiça, na sua pureza e igualdade" (ALVARÁ..., 1759). Buscando recuperar a "tradição humanista do quinhentismo", não tinha, a princípio, intenções inovadoras, mas sim combinar melhor os interesses do Estado aos interesses da fé, no intuito de formar, "na ordem civil, o cristão útil aos seus propósitos" (CARVALHO, L. R, 1978, p. 85).

Os pensadores portugueses que se ocuparam do tema demonstraram sua preocupação com a eficácia da educação das crianças e dos jovens partindo das qualidades desejáveis nos professores. Pina e Proença enfatizava a necessidade da boa escolha do mestre, que deveria ser portador das mesmas virtudes que se pretenderia desenvolver no menino:

> A ciência, e arte, que se desejará em um Mestre, é a ciência do conhecimento do Mundo, a arte de tratar os homens, e aquela graça urbana, que se não estuda pelos livros, e só se adquire pelo trato da gente, assistência das Cortes, ou terras polidas, para que o seu exemplo desterrasse do Discípulo todo o ar, e resabio da escola, e toda a melancolia, dureza, e grosseira inadvertência, que origina a meditação profunda, e os contínuos estudos. (PROENÇA, 1734, p. 189-190)

O mestre deveria, portanto, ser copartícipe da urbanidade, entendida como elemento da civilidade. A concepção da educação para os indivíduos das elites, marcada muito mais pela prática da civilidade do que pela transmissão teórica de normas, fica clara nas propostas de Pina e Proença, que expõe uma ideia sobre educação no sentido das práticas, da observação e da difusão dos bons exemplos. Nesse sentido, é uma educação moral, ao concentrar nessa perspectiva o centro de ação. Pina e Proença criticava a educação fundada na transmissão dos preceitos, afirmando que não haveria dificuldade em encontrar quem o pudesse fazer. Mas o ideal, e também o mais difícil, seria escolher mestres que combinassem coerentemente a teoria com a prática, ou seja, que tivessem condutas pessoais em sintonia com os preceitos ensinados aos seus discípulos, sempre mais propensos a seguir os exemplos – bons ou maus – do que introjetar preceitos para segui-los no futuro.

A urbanidade e a civilidade, pilares importantes para a educação das elites, teriam, assim, na figura do mestre o centro irradiador do exemplo. As qualidades que eram inerentes a elas, desejadas na sua pessoa, e que deveriam ser apreendidas pelos discípulos seriam a bondade, a benevolência, a sinceridade, o respeito, a modéstia. Sem elas, a urbanidade e a civilidade não seriam alcançadas, "se lhe dominar [o menino] no espírito a soberba, e ferocidade para com os outros, sem atenção ao seu estado, nunca se fará agradável, nem será urbano, por mais que dobre o corpo, e use de termos corteses, e que declarem o maior respeito" (Proença, 1734, p. 224). Da combinação daqueles dois pilares resultaria, por fim, a essência da educação desejável para as elites: a moral, que permitiria o "conhecimento fundamental da bondade, ou malicia das ações humanas"; o direito natural, "porque se deve dirigir, ao das gentes, com que se devem conformar"; o direito civil, "cujas Leis, e Ordenações se devem observar" (p. 336-337).

Para Ribeiro Sanches essa perspectiva estaria presente, também, nas suas considerações acerca das qualidades que deveriam ser exigidas dos mestres, mais de uma vez apontados por ele como homens ignorantes, não raro com vícios escandalosos, que usavam o exercício do magistério como forma de fugir da miséria, e que em geral, por ensinarem apenas com licença eclesiástica, não eram passíveis de controle pelo Estado. Por isso, ele insistia na reforma que secularizasse também a composição do corpo de professores, tirando-a do controle do clero.

Seu elenco das qualidades a ser exigidas dos mestres incluía aspectos físicos e médicos, além de morais. Não poderiam eles ser portadores de defeitos físicos visíveis que, pela sua repetição, pudessem ser imitados pelos alunos, como ser coxos ou vesgos, por exemplo. Do ponto de vista moral, deveriam ter seus costumes "aprovados e conhecidos com louvor", devendo ser sempre casados,[29] "condição sem a qual não obstante todas as mais qualidades, não poderia exercitar esta função". O casamento daria o exemplo reto de boa conduta cristã, além de fazer com que esses professores casados, sendo também pais, fossem mais carinhosos com os meninos que os solteiros:

> Deixo à consideração de quem conhece o que é um homem que saiu do reto caminho da virtude, se convem neste perigo, que um homem solteiro seja Mestre de meninos e rapazes? E se será acertado que o público ponha nas mãos do Celibato a inocência da primeira idade? (SANCHES, 1922, p. 117)

Além de demonstrar sua preocupação com as qualidades pessoais dos mestres, do ponto de vista moral, Ribeiro Sanches não negligenciou outras que seriam inerentes ao cargo do ponto de vista profissional e que seriam averiguadas nos exames aos quais seriam submetidos. Deveriam, assim, saber bem a língua latina, bem como a portuguesa, escrever bem, saber aritmética e noções de contabilidade. Somente com aprovação em exames sobre esses conhecimentos poderiam obter licença para ensinar, além de ser aprovados no exame sobre o Catecismo, sob a responsabilidade de um Bispo. Esses procedimentos seriam, na verdade, adotados a partir das reformas realizadas no reinado de D. José I, sob o comando do Marquês de Pombal. As preocupações de Ribeiro Sanches com a educação moral, útil à formação do bom súdito e do bom cristão, levaram-no a propor a institucionalização do ensino de um catecismo civil, por meio do qual os princípios gerais da vida civil seriam incutidos nos alunos, usando-se, para isso, cartilhas de leitura, reforçadas pelos bons exemplos dados pelos mestres.

No primeiro momento do processo de reformas, entre as instruções dadas aos professores das recém-criadas aulas régias de gramática latina, Grego e Retórica, estão aquelas que dizem respeito à conduta e às qualidades devidas para a melhor atuação no sentido de formar nos alunos bons súditos e bons cristãos. O Alvará de 28 de junho de 1759 indicava que o professor deveria ser "pessoa na qual concorram

---

[29] Condição também desejável a todos os demais funcionários do Estado.

cumulativamente os requisitos de bons e provados costumes; e de ciência e prudência", sem o que, ao lado da aprovação em exame específico, não lhe seria concedida a licença necessária para o exercício da profissão.

Suas tarefas em relação à formação moral dos seus alunos implicavam o bom exemplo que lhes poderia dar, por sua própria conduta, além da observância dos conteúdos a ser ensinados, que deveriam estar pautados por esse objetivo geral. Dessa forma, por exemplo, ao escolher os temas para o estudo do latim, o professor de gramática latina deveria dar preferência às "histórias breves ou máximas úteis aos bons costumes, algumas agradáveis pinturas das virtudes e ações nobres, e outros deste gênero, em que haja gosto e proveito" (ALVARÁ..., 1759). Suas obrigações profissionais, porém, extrapolavam o ensino estrito do latim, obrigando-o a especial cuidado quanto aos costumes dos alunos, incluindo a prática da religião. Assim, o professor deveria "instruí-los nos Mistérios da Fé e obrigá-los a que se confessem e recebam o Sacramento da Eucaristia". Deveria estimulá-los à prática dos "sacrossantos atos", e dirigi-los "à perfeita santificação dos dias de missa e jejum que a Igreja tem ordenado e a evitar jogos e todas as ocasiões em que podem correr perigo na pureza dos costumes" (ALVARÁ..., 1759). A combinação entre a formação moral nos seus aspectos civil e religioso, ficava também contemplada nas instruções dadas aos professores quanto ao cuidado em incutir nos alunos o respeito às autoridades seculares e eclesiásticas, ensinando-lhes as

> [...] saudáveis máximas do Direito Divino, o do Direito Natural, que estabelecem a união cristã e a sociedade civil e as indispensáveis obrigações do homem cristão, e do vassalo e cidadão, para cumprir com elas, na presença do Deus e do seu Rei e em benefício comum da sua Pátria. (ALVARÁ..., 1759)

Instruções da mesma natureza aparecem em outros documentos relativos à reforma dos estudos, quando se referiam aos critérios para a escolha dos professores, os requisitos exigidos e a definição de suas obrigações. No Edital de 28 de julho de 1759, para a realização de exames para o exercício do magistério reiterava-se que o acerto na escolha dos mestres dependeria de que os candidatos fossem "ao mesmo tempo em vida, e costumes exemplares, e de ciência e erudição conhecida", sendo parte do processo de exame a verificação das "informações necessárias da vida e costumes de cada um" (EDITAL..., 2009). Na Lei de 6 de novembro de 1772, que instituiu a reforma dos Estudos Menores ordenava-se que os mestres de ler, escrever e contar ensinassem, além da "boa forma dos caracteres", também as regras gerais da ortografia e da sintaxe da língua portuguesa, o catecismo e as regras de civilidade,

> [...] porque sendo tão indispensáveis para a felicidade dos Estados, e dos indivíduos deles são muito fáceis de instilar nos primeiros anos aos meninos tenros, dóceis, e suscetíveis das boas impressões daqueles Mestres, que dignamente se aplicam a instruí-los". (CARTA..., 2009)

Segundo Áurea Adão (1997, p. 311), eram dois os aspectos a ser observados quanto à conduta dos professores: o comportamento dentro e fora das aulas, e sua assiduidade ao trabalho e empenho no exercício de suas funções.[30] Segundo a autora, embora o Estado tenha tido a preocupação de normatizar esses critérios e definir o tipo de punição a ser dada em caso de descumprimento pelos professores, não teriam sido colocados em prática os mecanismos necessários de fiscalização do funcionamento das aulas, resultando, esta, quase sempre, da iniciativa das famílias e comunidades mais próximas. Conforme veremos, essa situação seria também a mesma verificada no Brasil. Os aspectos observados mais comumente diziam respeito, por exemplo, ao modo de se apresentar dos professores, particularmente de seu vestuário, conforme fossem clérigos ou leigos. A frequência a bares e tabernas, o hábito da bebida, a prática do jogo e do amancebamento eram atitudes que mais chamavam a atenção das comunidades e suscitavam reclamações e denúncias às autoridades. Em muitos casos, foram também atitudes suspeitas de heresia e práticas desvirtuadas da religião que colocaram professores diante do Santo Ofício.

Além das prescrições da lei, as normas de conduta dos professores estavam presentes nos livros e manuais que deveriam ser utilizados

---

[30] Ver também: CARDOSO (2002).

nas escolas. Numa obra célebre do final do século XVIII, o autor propunha uma espécie de guia para pais e mestres, com o intuito de educar a mocidade cristã. Remetendo ao cenário político e intelectual do Portugal da época, o Professor Régio de Retórica de Évora, João Rosado de Villa-Lobos e Vasconcelos (1782, p. 7-8) destacava que

> [...] tudo é Arte, tudo hoje é Sistema na Europa; mas também se não podem aprender as Ciências sem ele. As brilhantes produções que vemos na Republica Literária há menos de um século; os novos horizontes, que se tem descoberto às penetrantes vistas dos sábios; tudo isto é devido à ordem, e simetria dos nossos Estudos, à boa escolha dos Livros, e à proteção das Ciências. E refletindo eu, que tendo todas as Ciências, dentro da minha Pátria, feito avultados progressos; tendo a delicadeza dos costumes, do trato, e da Civilidade adiantado tanto na prática, se tinha atrasado tanto na teórica; destinei fazer, não uma Metodologia completa da Civilidade, e Urbanidade Cristã; mas um debuxo da Civilidade para servir de Educação aos meninos portugueses.

Refletindo sobre as regras atinentes à Religião, à Piedade e à Civilidade Cristã, Vasconcelos (1782, p. 7-8) advertia que

> [...] se os Pais, e os Mestres, que assistem à Educação, fizerem aprender, e praticar o que nos ensina o Catecismo, e depois estudar, e praticar o que digo neste *Pedagogo*; estou bem persuadido que eles terão a gloriosa satisfação de verem bem empregados os seus trabalhos.

Depois de discorrer sobre princípios da doutrina cristã, Vasconcelos abordava o tema da civilidade, segundo ele, critério de cultura e de progresso das principais nações europeias da época. Afirmando que ela é algo que se pode praticar com método, definia a civilidade como "a Ciência que nos ensina a bem regular as nossas ações, e os nossos discursos na vida civil, e tratamento das gentes", e deveria ser praticada com base em dois princípios, que são as duas virtudes mais importantes do cristianismo, isto é, a Humildade e a Caridade, fundamentais para permitir ao homem civil "regular bem as suas ações e discursos"(VASCONCELOS, 1782, p. 38-39).

Ao discorrer sobre os elementos da civilidade ligados às regras de comportamento social – modo de se vestir, de falar, de comer, de tratar as mulheres, de se relacionar com as autoridades civis e eclesiásticas – Vasconcelos ia além de construir um "manual" de educação para a mocidade, instruindo, na realidade, os mestres e os pais. Ao destacar durante todo o texto a importância do exemplo a ser dado aos meninos, ele indicava as normas de comportamento geral que os adultos responsáveis pela educação das crianças deveriam observar, sob pena de comprometê-la pela incoerência entre as palavras e as ações. Ficava clara também a ideia da formação do homem civil, que não se desvincula da formação do homem cristão, em conformidade com o pensamento português da época, mesmo marcado pela influência do Iluminismo. Para ele, as virtudes advindas da religião seriam as mesmas do mundo civil, por isso "assim como não pode haver um bom Cristão sem elas, também não será perfeito Cidadão aquele que as desprezar" (VASCONCELOS, 1782, p. 226). Do mestre seria exigido, além do comportamento exemplar como cidadão e como cristão, o conhecimento seguro de todas as matérias a ser ensinadas na escola, segundo os princípios das ciências e os objetivos da formação exemplar.

Em outra obra, *Nova escola de meninos*, do Padre Manoel Dias de Souza (1784), a mesma intenção de formação e instrução dos mestres é destacada pelo autor, que afirmava não terem todos os mestres as mesmas competências, a mesma formação e a mesma experiência, acarretando prejuízos para a educação da mocidade. Daí a utilidade da sua obra, destinada a "dar alguma luz" aos mestres dela necessitados. Em sua primeira parte, denominada *Instrucção christã e politica,* o autor tratava da doutrina e das regras gerais da prática do catolicismo, detendo-se, em seguida, na instrução política, que define regras de comportamento social, dentro e fora do ambiente doméstico. Depois das partes seguintes, que tratam das regras de ortografia e do estudo da aritmética, o Padre Souza reunia numa *Breve Direcção para a educação dos meninos*, um conjunto de instruções destinadas principalmente aos pais, indicando a educação como o mecanismo de domesticação da estado de natureza no qual nascem todos os homens. Nesse sentido, ele partia da concepção de que todo indivíduo nasce na ignorância e, se não for adequadamente educado, inscrito na sociedade controlada, estará fadado à vida desvirtuada:

> A educação deve pois suprir esta falta em que nascemos, e deve ensinar a domar estas paixões antes que chegue a idade de as temer. Por melhor que seja a inclinação, por mais belas qualidades, que tenha um mancebo, se não tiver educação, será, quando muito, boa terra; mas inculta, que não produzirá senão flores comuns, e frutos agrestes que nunca perdem a sua aspereza. Sem educação as melhores qualidades ficam sempre infratuosas. É necessário sempre cultivar, e formar a mocidade assim nas ciências, como nos bons costumes, e ensinar-lhe a cumprir as obrigações da vida civil, e Cristã. (SOUZA, M. D., 1784, p. 189-190)

Aos mestres eram sugeridos procedimentos pedagógicos decorrentes também de suas desejadas qualidades pessoais, como a paciência, docilidade, abnegação e empenho. O exemplo advindo da prática dessas qualidades resultaria numa educação segura e permanente, complementada pelo exemplo dado pelos pais, que deveriam sempre tratar os mestres com amor e respeito, cuidando "em que os meninos façam dele bom conceito, e que lhe seja agradável a sua pessoa, de sorte que gozem da sua presença, e de estar sempre na sua companhia; o que será impossível vendo que o tratam com pouca estimação" (p. 205).

Além de obras compostas por autores portugueses, foi comum a tradução de obras principalmente francesas sobre bons costumes e civilidade, como o *Methodo de ser feliz, ou catecismo moral*, publicado em português em 1787. Nela referências a autores ligados ao Iluminismo, como D'Alembert, justificam as necessidades modernas que fazem da "Ciência da Moral" um meio de educar as novas gerações no espírito da civilidade. Indicada como guia aos pais e aos mestres, a obra fundamentava-se na ideia de civilidade como cerimonial relativo aos homens entre si, como o culto exterior é relativo a Deus, ou seja, um conjunto de comportamentos e atitudes que regulam as relações entre os indivíduos. Para o autor, "os costumes são tão essenciais à felicidade do homem, como o ar à sua conservação. Deve-se-lhe pois inspirar o gosto deles, quase como o ar, a fim de que possa principiar a trabalhar muito cedo para a sua felicidade, e para a dos mais homens" (METHODO,...1789, p. V-XIII).

Mesmo não havendo, como observou Áurea Adão (1997), um sistema de fiscalização preventiva articulada na estrutura organizacional dos Estudos Menores, o comportamento dos professores não passava despercebido e era elemento significativo nos momentos em que se fazia necessária alguma prestação de contas de suas ações. Em alguns casos, confirmava-se a ação direta de pais e das comunidades locais na observação da conduta dos professores, no plano tanto profissional quanto pessoal. Uma situação comum advinha da necessidade de os professores cobrarem do Estado seus salários atrasados, enviando requerimentos acompanhados de atestados das autoridades locais, comprovando o exercício do magistério bem como sua conduta profissional e pessoal. Nesses documentos, ficam evidenciados os critérios de demarcação dessa conduta, condizentes com os princípios legais e pedagógicos da educação luso-brasileira entre o final do século XVIII e o início do século XIX. Como as Câmaras eram responsáveis pelo controle local do ensino, a maior parte dos atestados eram por elas emitidos, às vezes complementados com declarações de outras autoridades civis e eclesiásticas.

Mesmo considerando algum tipo de intervenção na formulação desses documentos – como a influência de relações pessoais, políticas ou de outra natureza[31] –, há que se considerar seus termos, sempre atentos ao que deveria, de fato, ser valorizado, como se pode ver no atestado passado ao Professor Régio de primeiras letras da Vila de São João del Rei, Capitania de Minas Gerais, José Pedro da Costa Baptista. Nomeado em Lisboa em 1789, o professor, assim como outros colegas, enviava requerimentos solicitando o pagamento de seus salários atrasados, como o fez sucessivamente em 1799 e 1800. A Câmara, indicando a justeza da solicitação, afirmava que

> [...] José Pedro da Costa Baptista se acha há quase dez anos nesta Vila atualmente ensinando a ler, escrever, contar, e Catecismo com sua Aula Pública e até presente tem cumprido com a sua obrigação,

---

[31] Luiz dos Santos Vilhena, professor régio de Língua Grega na cidade da Bahia, no seu *Noticias Soteropolitanas e Brasílicas*, comenta os favorecimentos existentes na liberação de atestados favoráveis a determinados professores, para que recebessem seus ordenados, provocando confusão entre os bons e os maus professores. Para ele, havia muito pouca consideração para com os professores naquela localidade (VILHENA, 1921).

assistindo pessoalmente na mesma Aula, não só as horas que lhe são determinadas, mas ainda excedendo a elas com todo o zelo e prontidão na forma de sua obrigação.[32]

Os mesmos requisitos eram exigidos dos substitutos, sempre numerosos, ocupando os lugares dos professores titulares, afastados pelos mais variados motivos, dos quais os mais comuns eram as doenças e as ocupações eclesiásticas. Era em geral necessário destacar a continuidade dos trabalhos quando a cadeira estava ocupada por um substituto, para que não houvesse maiores prejuízos no recebimento dos ordenados, normalmente bastante atrasados. Por isso, as suas qualidades deveriam ser ressaltadas, a pedido do próprio titular, que geralmente arcava com a remuneração de seu substituto. Em 1796, o Padre Silvério Teixeira de Gouvêa, Professor Régio de gramática latina em Vila Rica padeceu de uma moléstia que o impedia de se manter no exercício do magistério, obrigando-o a colocar um substituto em sua cadeira. Como seus ordenados estavam em atraso desde quando ainda estava em exercício, enviou diversos requerimentos acompanhados de atestados, que destacavam não apenas sua conduta profissional, mas também a de seu substituto, Francisco José da Silva, "sujeito muito hábil, e por tal geralmente conhecido [...] vindo assim a não experimentar a mocidade, cuja instrução lhe está confiada, incomodo, ou atraso algum nas lições".[33]

Muitas vezes os atestados indicavam a repercussão positiva do trabalho do professor junto à comunidade. Se isso não pode assegurar-nos a sua integral aceitação, ao menos aponta para o resultado de relações interpessoais mais solidamente construídas, que garantiam o registro de uma atuação adequada do profissional. Além disso, há que considerar que parte significativa desses professores régios eram eclesiásticos, o que pode indicar uma posição mais confortável no seio das comunidades. Talvez isso possa explicar a maior ênfase aos elogios encontrada nos atestados relativos a professores que eram também padres, como o que foi passado ao Reverendo Pe. Mestre José Crisóstomo de Mendonça, professor régio de primeiras letras na Vila de Queluz, Capitania de Minas

---

[32] BNRJ/Manuscritos. I-25, 031, 001.
[33] BNRJ/Manuscritos. I-25, 31, 61.

Gerais, que a Câmara afirmava ter frequentado sua Aula "pessoalmente com louvável zelo e cuidado, do que resulta adiantamento aos seus discípulos e contentamento dos Pais, sem que até o presente tenha havido queixa alguma contra ele e seu exemplar procedimento".[34]

Indícios de má conduta dos professores provêm de queixas feitas pelos pais dos alunos às autoridades civis e de denúncias ao Santo Oficio.[35] Neste último caso, não foi incomum que desavenças pessoais levassem alunos ou colegas a denunciar um professor, quase sempre alegando que fossem hereges e, no decorrer das averiguações, vinham à tona comentários acerca do seu comportamento moral, em suas relações pessoais e no convívio social, além de críticas ao seu desempenho profissional.

As ideias do professor Pe. Francisco de Paula Meireles, que ensinava Filosofia na Cidade de Mariana eram perigosas para a boa educação da mocidade, como argumentava o seu colega e denunciante Pe. José da Purificação Ferreira, professor de Retórica. Mesmo dizendo-se penalizado por "sacrificar a amizade e todas as coisas do Mundo à obrigação de sua alma", o Pe. José da Purificação afirmava que seu colega proferia ideias temerosas sobre pecado e concubinato, aceitando com naturalidade a legitimidade das uniões fora das bênçãos da Igreja. O Pe. Francisco de Paula Meireles teria dito que "a coabitação com pessoas de diferente sexo, livres dos vínculos do matrimonio não era proibida nem por Direito natural nem Divino, mas somente Eclesiástico" e que, ao contrário do que argumentava seu colega, "os filhos naturais eram muitas vezes melhor educados que os de legitimo matrimonio". O Pe. José da Purificação lamentava a presença do seu colega em Mariana, e a "ruína que causará a doutrina que o dito clérigo ensinará à Mocidade não só pelo que tem já exposto, mas pela extravagância que tem no modo de pensar".[36] As disputas entre os dois remontavam ao tempo de convivência em Portugal, quando José da Purificação já ouvia do colega opiniões pouco convencionais e censurava sua pouca constância

---

[34] BNRJ/Manuscritos. I-26, 01, 003, n.005.

[35] Ver VILLALTA (2007a).

[36] Processo de Francisco de Paula Meireles. 1786. ANTT/Tribunal do Santo Oficio/Inquisição de Lisboa.

no cumprimento das obrigações sacerdotais. Ambos já ocupavam, como substitutos, as cadeiras de Filosofia e Retórica na cidade de Mariana, e requereram, ao mesmo tempo, a concessão das Cartas de Professores, que os efetivariam no cargo. Suas petições foram atendidas pela Real Mesa da Comissão Geral sobre Exames e Censura dos Livros, e poucos dias depois da nomeação, em outubro de 1786, o Pe. José da Purificação apresentou denúncia do seu colega ao Santo Oficio, tentando impedir que ele viajasse para o Brasil. Os dois certamente não competiam pelo mesmo cargo, pois foram nomeados para cadeiras diferentes, mas desavenças de outra natureza certamente havia, talvez dos tempos de estudos na Universidade de Coimbra,[37] e é tentador pensar na possibilidade de uma indisposição do Pe. José da Purificação, português da cidade do Porto, com Francisco de Paula Meireles, um natural da América portuguesa, nascido no Arraial do Tejuco. Meireles conseguiu sua nomeação para o cargo de professor régio pouco depois de se formar em Filosofia em Coimbra, e na Capitania de Minas Gerais construiu intrincadas relações com parte da elite local, alguns seus contemporâneos em Coimbra, que estiveram envolvidos na Inconfidência Mineira. Meireles chegou a ser interrogado como testemunha durante a devassa[38] e procurou, nos desdobramentos, deixar claras suas fidelidades à Coroa. Talvez o histórico de uma denúncia ao Santo Oficio o tenha deixado receoso de outros envolvimentos perigosos. O Pe. Francisco de Paula Meireles não teve uma longa carreira, e morreu em 1794, por volta dos 35 anos de idade.

O professor de gramática latina da Vila de Caeté, Comarca do Rio das Velhas, Antonio Gonçalves Gomide, parece ter tido propensão a se envolver em problemas, criando fama de libertino e de homem pouco respeitoso para com as coisas da religião. Em 1799 ele foi denunciado ao Santo Oficio por um morador do Arraial de Raposos, próximo à Vila, por comportamento pouco adequado. Antes disso ele já havia enfrentado turbulências nesse campo, sendo acusado de ministrar veneno, em 1794 – o que lhe custou o afastamento por dois meses de

---

[37] Francisco de Paula Meireles ingressou em Coimbra em 1782.
[38] Ver detalhes em VALADARES (2004, p. 476-471).

suas funções como professor – e foi ainda alvo de queixa da Câmara de Caeté, que recomendou o não pagamento do seu ordenado pois ele mostrava "não satisfazer com a sua obrigação".[39]

Já depois da independência, mas ainda durante a vigência do sistema de aulas régias, queixas contra a conduta dos professores eram registradas, sempre baseadas nas mesmas questões, quanto ao seu comportamento profissional e pessoal, em suas implicações morais. Num requerimento de seis folhas, os pais de família da Vila de São Bento do Tamanduá, Província de Minas Gerais, encaminharam, em 1826, queixas contra o mestre de primeiras letras José Antonio Barbosa. As denúncias eram graves e questionavam os critérios de nomeação de uma pessoa sobre a qual pesavam acusações de extorsão, adultério, corrupção, deserção, falsificação e incitamento ao crime. Alertavam os queixosos para o grande perigo de ter seus filhos submetidos aos exemplos deste mestre,

> [...] sendo ele casado, e que abusando do matrimonio vive amancebado dentro de sua vila e com todo atrevimento até mora ele fronte do Reverendíssimo Vigário da Vara. Qual seja mais, o que nossos filhos aprenderão de um homem inimigo dos atos e solenidades da Igreja, onde bem poucas vezes é visto, e nem uma só consta de ter cumprido o Santo Perceito da Quaresma, nem a sua nefanda família desde que empossou-se da Cadeira. Aliás devendo ser espelho de sua família e ainda mais de seus discípulos, que diria fazê-los confessar os do uso de razão, todos os meses. Pergunto-vos mais que exemplo dará este Mestre vaidoso, soberbo, intrigante a nossos filhinhos inocentes, dóceis e amáveis. Como os instruirá nos bons costumes, na Doutrina Cristã, na civilidade. Como há de ser pago, e sem merecê-lo, visto que tendo deixado o costume desamparar nossos filhinhos, eis que não deixa amancebia, e nunca é procurado na escola que seja achado.[40]

Em outras capitanias da América portuguesa ocorreram situações semelhantes, e vale a pena mencioná-las. Em 1792 o professor régio

---

[39] APM/CC-1524, fl.29; ANTT/Tribunal do Santo Ofício/Inquisição de Lisboa, Processo 14808; BNRJ/Manuscritos I-25, 20, 047.

[40] BNRJ/Manuscritos. I-27, 26, 086.

de gramática latina de Alagoas, João Mendes Sanches Salgueiro, foi processado pela Inquisição de Lisboa. Contra ele recaiu a acusação de proposições heréticas, feita em Alagoas, em 1789, considerada ainda mais grave pelo fato de ser ele também professor de Retórica, o que facilitaria a difusão de suas ideias. Vários de seus ex-alunos foram interrogados, dizendo que o professor comia carne em dias proibidos, que condenava as reverências às imagens sagradas, que faltava com o respeito ao Santíssimo Sacramento, e que desaparecera da Vila supostamente por ter cometido um homicídio. O comissário encarregado chegou, afinal, à conclusão de que não procediam as acusações, embora reconhecesse que o professor não levava uma vida exemplar, sobretudo quanto à prática da religião. O maior prejuízo seria o mau exemplo que ele dava aos seus discípulos, quando deveria, por suas atribuições profissionais, estimular a difusão da doutrina no processo de formação do súdito cristão.[41]

O comportamento do professor régio de Língua Grega do Rio de Janeiro, João Marques, provocava reações mais enfáticas. Segundo os depoimentos, falando contra o clero e contra a religião, tinha fama de libertino, e os pais dos alunos evitavam enviar seus filhos à sua aula, por não ser bom cristão. João Marques, que chegou a ser preso por ordem do Vice Rei, elaborou sua defesa argumentando que todas as denúncias eram falsas e decorrentes das rivalidades entre os "homens de letras da mesma profissão", que se tornaram mais acirradas depois da criação das Aulas menores nas quais os professores tinham emprego público. Declarando-se bom cristão e leal servidor do Rei pelo emprego no ensino da Língua Grega no Rio de Janeiro, afirmava desempenhar "quanto está da sua parte as obrigações do seu magistério, dando com toda a atividade e zelo as suas lições aos que se querem aplicar", e que inspirava nos discípulos "sentimentos de religião, o amor da virtude, a obediência aos preceitos e leis assim do Sumo Imperante como da Santa Madre Igreja Católica Romana".[42]

---

[41] ANTT/Tribunal do Santo Oficio/Inquisição de Lisboa. Processo de João Mendes Sanches Salgueiro. 1792.

[42] ANTT/Tribunal do Santo Oficio/Inquisição de Lisboa. Processo de João Marques. 1792-1798.

Essas situações cotidianas, envolvendo professores régios e as comunidades nas quais estavam inseridos, do ponto de vista de suas condutas profissionais e pessoais, permitem uma associação com as ideias que permeavam o pensamento pedagógico no mundo luso-brasileiro, em conjunto com as ordenações legais e regulamentações que fizeram parte das reformas realizadas na segunda metade do século XVIII. A forte permanência das orientações religiosas, marca do ambiente cultural português do Antigo Regime, combinou-se a uma parte do ideário iluminista, no ensejo de educar a população para formá-la ao mesmo tempo como súdita e cristã.

Não quer isso dizer, contudo, que os sujeitos envolvidos nesse cotidiano, particularmente os professores, alunos e famílias, tivessem pleno conhecimento dos preceitos legais nem que sua preocupação em demonstrar sua obediência a eles ou em denunciar os desvios fosse resultado desse conhecimento e de sua integral concordância com os preceitos. É importante destacar que o desenvolvimento do iluminismo português, e sua influência na reorganização da educação em todo o Império fez-se no âmbito de uma cultura fortemente marcada pela presença da Igreja Católica, pelo domínio do clero na educação em seus vários níveis e pelo apego a normas morais derivadas dessa cultura. Além disso, numa sociedade em que a cultura oral era ainda muito marcante, e a presença da instituição escolar era ainda tênue – particularmente na América –, o valor do exemplo a ser dado às novas gerações era maior do que um ensino teórico que, mesmo fundado na ciência moderna, dependia de uma relação mais intensa com a cultura escrita. Por isso, as condutas morais, civis ou religiosas, apresentavam-se como tão importantes.

—— Capítulo III ——

Pobres ou abastados, os súditos se instruem e se educam na Capitania de Minas Gerais

Civilizar e educar os órfãos e os pobres[1]

No mundo luso-brasileiro do século XVIII e nas primeiras décadas do século XIX a instrução e a assistência estiveram muito próximas, envolvendo o Estado e a Igreja, e movidas tanto pela necessidade do controle social através da educação para o trabalho, quanto pela necessidade da civilização dos povos por meio da disseminação dos valores morais e religiosos. Assim, a ideia de educação para as camadas mais baixas da população esteve profundamente associada à difusão da doutrina cristã e à formação profissional como meios de controle, e seria realizada, predominantemente em instituições de natureza caritativa, fossem ligadas a ordens religiosas, fossem patrocinadas por recursos privados. O ensino das primeiras letras visava fundamentalmente facilitar o aprendizado da doutrina, sem implicar a criação de possibilidades de ascensão social pela educação. Por isso, sobressaía a solução da educação profissional, do aprendizado de ofícios mecânicos, que pudessem servir de ocupação e de sustento para essa população.

A legislação portuguesa, válida também na América, demonstrava clara preocupação para com a orfandade e os meios de reunir instrução e assistência, indicando procedimentos legais diferenciados

---

[1] Uma versão preliminar desta seção foi publicada com o título "Instrução e assistência na Capitania de Minas Gerais: das ações das Câmaras às escolas para meninos pobres (1750-1814)", na *Revista Brasileira de Educação*, v. 13, n. 39, set./dez. 2008.

para cada segmento social. As Ordenações do Reino são pródigas na matéria, particularmente no seu Livro Primeiro, em que trata dos Juízes de Órfãos (ALMEIDA, C., 1870).[2] A criação e a manutenção de órfãos que tivessem bens estaria garantida por sua própria herança. Já os órfãos sem posses e nascidos em condições especiais – como os filhos de religiosos, os filhos ilegítimos de mulheres e de homens casados ou solteiros – seriam criados nas instituições de assistência, como os Hospitais e Albergarias, quando houvesse, ou então pelas rendas das Câmaras.

Segundo a lei, a educação a ser dada a esses indivíduos deveria ser compatível com o seu nível social de origem. Assim, filhos de lavradores seriam preferencialmente dados a lavradores para ser criados, fossem ou não seus parentes, e seriam usados no serviço do campo, aprendendo a ocupação de seus pais. A mesma orientação havia em relação aos filhos de oficiais mecânicos, com a diferença que, nesse caso, a lei mencionava a possibilidade do uso dos bens do órfão para pagamento dos mestres de ofício, o que indica possivelmente maiores disponibilidades nesse segmento. A distinção ficava ainda mais clara na medida em que a lei definia que os órfãos que não fossem filhos de trabalhadores manuais e não precisassem ser dados à criação paga pelo Estado seriam educados à custa de sua própria herança, administrada por um tutor ou curador:

> [...] se alguns órfãos forem filhos de tais pessoas, que não devam ser dados por soldadas, o Juiz lhes ordenará o que lhes necessário for para o seu mantimento, vestuário e calçado, e todo o mais em cada um ano. E o mandará escrever no inventario, para se levar em conta a seu Tutor ou Curador. E mandará ensinar a ler e escrever aqueles que forem para isso, até idade de doze anos. E daí em diante lhes ordenará sua vida e ensino, segundo a qualidade de suas pessoas e fazenda. (ALMEIDA, 1870, p. 212)

---

[2] O compilador das ordenações indica que "o crescimento da população do Brasil, e suas especiais circunstâncias moveram o governo da Metrópole a criar nas vilas onde houvesse Juízes Ordinários, Juízes de órfãos trieneses, consignando-lhes um Regimento que foi promulgado com o Al. de 2 de maio de 1731" (p. 206).

Iniciativas de modo a obedecer a essas determinações legais faziam-se presentes na América portuguesa. Recaía sobre os tutores a responsabilidade pelo encaminhamento da educação dos órfãos, fosse a instrução elementar, fosse a formação profissional. Mas nem sempre esta última apresentava-se atrelada a uma tradição familiar ou de condição social, como indicavam as Ordenações, particularmente na Capitania de Minas Gerais, onde foi notável o envolvimento de filhos mestiços de homens razoavelmente abastados no aprendizado de ofícios mecânicos, às vezes combinado ao aprendizado de primeiras letras. Essa combinação aparecia também na vida de indivíduos de origens mais modestas, como filhos de oficiais mecânicos, mas que também chegaram a frequentar uma escola de ler, escrever e contar. É verdade que há outras variáveis a considerar, como a instável posição ocupada pelos primeiros, filhos mestiços de homens brancos, nem sempre legítimos, que não tinham garantido o benefício da herança e que se encontravam na encruzilhada entre dois mundos. O aprendizado dos ofícios mecânicos aparecia, então, como possibilidade concreta de ocupação e de sustento material. No segundo caso, a novidade era, para filhos de oficiais mecânicos, uma ligeira ampliação da possibilidade de ascensão na sociedade colonial, por meio da capacidade de leitura e de escrita, mesmo que limitada.

Muitos desses indivíduos tiveram acesso a essa educação combinada por meio da atuação de seus parentes ou de seus tutores; outros, já no século XIX, por meio do ingresso em instituições de acolhimento de crianças e jovens pobres e nem sempre na condição de órfãos (FONSECA, 2006). Um exemplo dessas estratégias é o caso de Antonio, filho natural de Antonia Rangel, parda forra, solteira, falecida em 1757 na localidade de Igreja Grande, Vila de Sabará. O tutor de Antonio, Capitão José Ribeiro de Carvalho prestando contas ao Juiz de Órfãos onze anos depois, afirmava que tinha em seu poder o órfão antes mesmo da morte da mãe, por ele ser seu filho, sempre

> [...] sustentando e vestindo-o de todo o necessário e mandou ensinar a ler e escrever, em que fez despesa, e depois lhe mandou ensinar o ofício de alfaiate, de que pouco usou. Presentemente se

acha exercitando de escrever papéis no cartório da Ouvidoria, de cujos lucros se veste e trata. Porém o suplicante [tutor] o tem em sua casa e o sustenta.[3]

Se em muitas capitanias da América portuguesa foram abertos estabelecimentos que podiam abrigar órfãos e expostos pobres, dar-lhes sustento e educação, nas Minas Gerais sua existência foi tardia e menos vinculada diretamente à Igreja. Isso porque a presença das ordens religiosas foi proibida ali no início do século XVIII, e a assistência associada à instrução limitou-se à sua dimensão leiga.[4] O espaço religioso foi então ocupado pelas associações leigas – irmandades e ordens terceiras – responsáveis pela organização da vida religiosa naquela região. A proibição da instalação do clero regular na Capitania de Minas Gerais deixou às irmandades leigas e ordens terceiras essa tarefa, da qual parecem ter se desincumbido muito bem. Construíram igrejas e cemitérios, organizaram as festas, cuidaram dos necessitados, estimularam as artes e os ofícios. Nas principais vilas da Capitania atuaram, nos séculos XVIII e XIX, as irmandades e as ordens terceiras de Nossa Senhora do Carmo, São Francisco de Assis, Nossa Senhora do Rosário dos Pretos, São Francisco dos Pardos, Nossa Senhora das Mercês, Nossa Senhora da Expectação do Parto, Nossa Senhora do Amparo, Santa Cecília, Santíssimo Sacramento, São Miguel e Almas, São José, Santa Efigênia, Arquiconfraria do Cordão do Seráfico São Francisco, várias delas com suas próprias igrejas, em torno das quais se construíam as sociabilidades locais.

Além de ser o espaço da prática religiosa, as irmandades representavam certa garantia de inserção social e de proteção, principalmente

---

[3] CBG/CSO-I (19) 163. *Inventário dos bens que ficaram da falecida Antonia Rangel de Abreu*, 1757. O Capitão José Ribeiro de Carvalho reconheceu Antônio como seu filho também em testamento, tornando-o seu herdeiro, juntamente com seus filhos legítimos. Vamos voltar a encontrá-lo na última parte deste capítulo.

[4] Pela Carta Régia de 9 de Junho de 1711 foi proibida a entrada nas Minas do clero regular e de padres seculares sem paróquias, além de ordenar a sua expulsão do território. A medida foi reforçada em 1721, por uma ordem que consolidava a decisão da expulsão dos religiosos e o confisco de seus bens.

para os segmentos menos favorecidos da população. Pertencer a uma irmandade significava dar legitimidade às práticas religiosas, possibilitar o auxílio para as eventuais dificuldades da vida – como empréstimos de dinheiro, ajuda em casos de doença, viuvez ou orfandade – e garantir o descanso eterno, por meio do sepultamento no interior dos templos ou nos cemitérios adjacentes, e na celebração de missas pelas almas. Essas associações patrocinavam a construção das igrejas e sua decoração em pintura e escultura, encomendavam a composição de músicas para os ofícios religiosos, garantindo o mercado de trabalho para um grande número de artistas e artesãos nos núcleos urbanos da Capitania de Minas Gerais.

A atuação das irmandades leigas e ordens terceiras na educação é ainda pouco conhecida no Brasil, uma vez que os estudos sobre elas têm dado maior atenção ao seu papel no jogo das relações de poder envolvendo o Estado e a Igreja e à sua atuação no desenvolvimento da arte barroca, especialmente em Minas Gerais.[5] Sua atuação pode ser vislumbrada mais claramente a partir da segunda metade do século XVIII, e as ações institucionalizadas dessas associações, conhecidas até o momento, referem-se mais à assistência do que à educação. No século XVIII foram estabelecidos os hospícios da Terra Santa principalmente em Vila Rica e em Sabará, com a colaboração dos Terceiros de São Francisco de Assis; a Casa de Misericórdia foi instalada com seu hospital em Vila Rica em 1738, gerida pelo compromisso de sua congênere do Rio de Janeiro (ORDEM..., 1911b, p. 399). A Ordem Terceira de Nossa Senhora do Monte do Carmo de Sabará recebeu, em 1787, a incumbência de gerir um hospital mantido por bens vinculados que depois passou à Misericórdia da mesma vila (PASSOS, 1929; BARBOSA, 1995; MATOS, 1981; VASCONCELOS, 1994).

A obtenção de recursos para essas instituições foi alvo das ações do Estado, tanto para incentivá-la quanto para coibi-la. A organização tributária previa a destinação, para obras pias, de 1% do montante

---

[5] O papel dessas associações na educação moral será comentado mais adiante. Ver sobre essas organizações: BOSCHI (1986); CAMPOS (1994, 1996, 1998).

arrecadado com os direitos de entradas, com os dízimos e com os direitos de passagem,⁶ mas esse recurso deveria, na verdade, ser enviado ao Real Erário, não significando que tais obras pias devessem ser estabelecidas na própria Capitania de Minas Gerais. Mesmo assim, diante de solicitações da população e das associações leigas os governadores impunham eventualmente a destinação de recursos para algumas obras de interesse mais amplo, como foi estabelecido pelo Governador interino Martinho de Mendonça de Pina e Proença, de que as fianças pagas por réus soltos com Alvará de Fiança fossem remetidas aos ouvidores das Comarcas para reverter ao Hospital da Misericórdia de Vila Rica (ORDEM..., 1911a, p. 399). Por outro lado, evitava-se ao máximo a coleta de esmolas para as obras pias por parte de particulares ou de religiosos, principalmente os regulares. Ainda no início do século XVIII, o Governador Dom Lourenço de Almeida escrevia ao Rei D. João V advertindo-o sobre os riscos de desvio dos quintos do ouro caso fosse atendido o requerimento do vice-comissário da Irmandade da Terra Santa para obter liberação do pagamento do quinto sobre a coleta de esmolas para os "santos lugares de Jerusalém". Recomendava o Governador que não fosse atendido o requerimento

> [...] porque se Vossa Majestade lhe fizer esta mercê de mandar que do ouro que metem na Casa da Fundição se lhe não leve o quinto, muito facilmente haverá ou síndico ou frade que meta outro muito ouro junto com os das esmolas, e que diga que tudo pertence a elas só para que não pague quinto do que for seu, e da mesma forma os gados que tiram de esmola nos currais se não pagarem os direitos das entradas dos registros, trarão na sua Companhia outros muitos gados alheios ou dos seus síndicos, e quando Vossa Majestade pela sua real grandeza e piedade queira fazer esmola aos santos lugares, atendendo aos quintos que pagam de ouro que fundem na casa deles, e aos direitos que pagam do gado, parece-me muito melhor que Vossa Majestade lhe mande

---

⁶ Esses tributos incidiam da seguinte forma: os *direitos de entradas* sobre todos os gêneros que entrassem na Capitania pelos registros de fronteira com as demais capitanias; os *dízimos* recaíam sobre todos os produtos agropecuários produzidos na Capitania; os *direitos de passagem* era cobrados sobre o trânsito de pessoas (livres ou escravos), de animais e de carros que cruzassem as fronteiras com as demais capitanias.

> dar uma certa esmola todos os anos, porém não os livrando nunca destes direitos, pelo prejuízo que se pode seguir à Real Fazenda de Vossa Majestade, que mandará o que for servido, porque sempre é o melhor. Deus guarde a real pessoa de Vossa Majestade muitos anos, como seus vassalos havemos mister. Vila Rica, vinte e seis de maio de mil setecentos e vinte e seis. (Sobre os religiosos..., 1980, p. 205-206)

O atendimento a outras necessidades sociais e religiosas na Capitania de Minas Gerais, durante o século XVIII e nas primeiras décadas do século XIX, fez-se também por meio de dois recolhimentos femininos fundados na região, a Casa de Oração do Vale das Lágrimas (depois chamado Recolhimento do Arraial da Chapada), na Comarca do Serro Frio, e o Recolhimento de Nossa Senhora da Conceição das Macaúbas, o mais célebre e longevo, situado na Comarca do Rio das Velhas. Essas instituições não visavam primordialmente nem a instrução, nem o desenvolvimento de vocações religiosas das recolhidas, mas acabaram sendo reconhecidas por sua importância para a educação das mulheres. Para lá eram enviadas tanto filhas de famílias abastadas quanto meninas sem posses, geralmente órfãs, brancas ou não, com o intuito de separá-las das coisas mundanas e, sendo possível, encaminhá-las para o casamento.

A Casa de Oração do Vale das Lágrimas foi fundada pelo Pe. Manoel dos Santos em 1750 e, alguns anos mais tarde, devido às difíceis condições da região onde se situava, isolada e acometida por enchentes dos rios ao redor, mudou-se para o Arraial da Chapada, de onde ficou o nome pelo qual também era conhecido. O Recolhimento mantinha-se da produção de suas próprias terras e recebia, além de esmolas, as porções pecuniárias anuais de pais e parentes das recolhidas. Em 1780, quando solicitava sua confirmação junto à Coroa, lá havia 35 recolhidas (33 solteiras e 2 casadas); era bem visto pelas autoridades locais e pela população, como uma instituição "muito útil para a educação da mocidade", pois as recolhidas viviam "decentemente" e davam, por sua conduta, "exemplos de virtude dignos de se imitarem", conforme as informações reunidas pelo Governador da Capitania, Luis da Cunha Meneses (Informações..., 1897, p. 350-354). Atestando sua importância para a educação apropriada às mulheres, o Comandante do Destacamento de Minas Novas informava ao Ouvidor da Comarca do Serro Frio sobre a utilidade do Recolhimento, para o qual alguns pais de família mandavam "ensinar suas filhas, tendo-as recolhidas por alguns anos, e dali costumam sair não só provectas em artes liberais, mas também no Santo Amor, e temor de Deus" (p. 350-354).

O Recolhimento de Nossa Senhora da Conceição de Macaúbas tornou-se mais conhecido, não apenas por situar-se na área mais povoada e importante política e economicamente, mas também por ter acolhido mulheres de famílias abastadas e influentes. As recolhidas eram moças brancas cujas famílias desejavam educá-las e "preservá-las dos assaltos do mundo" (*apud* CARRATO, 1968, p. 116). Eram também as filhas mestiças, que muitos homens, principalmente portugueses, tinham fora do casamento, ou em sua condição de solteiros. Um dos casos mais conhecidos é o das nove filhas da mulata Chica da Silva e do contratador João Fernandes de Oliveira, recolhidas em Macaúbas e lá sustentadas por somas consideráveis enviadas por seu pai (FURTADO, 2003).

Além de ser um recurso à preservação das virtudes das mulheres e, eventualmente um meio de proporcionar alguma educação a elas, o ingresso no Recolhimento podia vincular-se a arranjos feitos com a instituição, fosse por meio do pagamento de um dote, fosse devido a negócios entre os familiares das recolhidas e a instituição. Como exemplo, há o caso do português Manoel Maciel, morto em Sabará em 1750. Ele tivera nove filhos com três mulheres negras, todos eles declarados em seu testamento "forros isentos de toda a escravidão".[7] Das sete filhas, cinco estavam recolhidas em Macaúbas, uma delas com dote de três mil cruzados e as outras sustentadas por negócios que ele, ativo minerador, tinha com o Recolhimento, pois algumas de suas lavras ficavam em terras da instituição. Quando da morte de Manoel Maciel, as filhas recolhidas eram três já adultas e duas adolescentes. No Recolhimento algumas delas aprenderam mais que o temor a Deus, a costura e os bordados, chegando a ter contato com a leitura e a escrita, fato

---

[7] CBG/CPO LT 8 (16) – 1749. *Testamento de Manoel Maciel*.

atestado por documentos redigidos e assinados por elas.⁸ Há indícios de que houvesse alguma prática de leitura na família, uma vez que Manoel possuía uma quantidade razoável de livros: 54 volumes que incluíam obras do Padre Vieira e do Padre Feijó, além de obras de Latim e Medicina, entre outros tantos volumes não nomeados em seu inventário.⁹ O Recolhimento das Macaúbas teve existência mais prolongada e chegou a tornar-se um colégio para moças no século XIX (ALGRANTI, 1993; FURTADO, 2003; CARRATO, 1968). A dimensão assistencialista dessas instituições destinadas ao acolhimento de mulheres sem o objetivo da formação estritamente religiosa – já que não eram conventos regulares – limitava-se ao recebimento de algumas poucas meninas pobres, geralmente expostas, não raro mestiças, que ali encontravam segurança e trabalho nas tarefas mais modestas. Nenhum desses recolhimentos fora criado com tal finalidade nem assumiam tal função.

A interferência mais direta da Igreja, do ponto de vista educacional, ocorreu com a criação do Seminário de Mariana, em 1750, sob a jurisdição do Bispado sediado na mesma cidade. Essa instituição recebia aqueles que tencionavam a vida eclesiástica, além daqueles que almejavam preparar-se para o ingresso na Universidade de Coimbra, o que a coloca mais longe do assistencialismo. São muitos os exemplos de filhos das elites mineiras setecentistas a ingressar no Seminário, que foram posteriormente para Portugal, completando ali seus estudos, principalmente em Direito. A passagem pelo Seminário e pela Universidade de Coimbra era evidentemente uma forma de assegurar o ingresso nos quadros da administração colonial, no exercício de postos prestigiados e que facilitavam a obtenção de privilégios (VALADARES, 2004; CARRATO, 1968).

Para os pobres, a educação voltava-se prioritariamente para o aprendizado de ofícios mecânicos, embora eventualmente também fossem levados a aprender a ler, escrever e contar. Muitos documentos

---

⁸ CBG/CPO – Justificações – 1748/1756. *Paulla Romana de São José e Suteria de Nazareth reivindicam sua capacidade para gerir os bens que ficaram do seu falecido pai Manoel Maciel. São filhas da escrava Thereza e estão reclusas no Recolhimento de Macaúbas.*

⁹ CBG/CBG/CPO-I (03) 32 – 1750. *Inventário de Manoel Maciel.*

relativos à Capitania de Minas Gerais, principalmente os inventários, contêm informações importantes sobre essa questão, já que, por meio das indicações destinadas aos tutores e curadores de órfãos, nos ajudam a traçar os percursos das estratégias e das práticas educativas referentes a eles. Os *autos de contas* anexados aos inventários contêm as especificações dos gastos dos tutores com cada órfão sob sua tutela, entre os quais encontramos aqueles relativos ao pagamento dos mestres e mestras de ofício, e os professores de primeiras letras. Além de declarar o estado de saúde dos órfãos, seu domicílio e o cumprimento das obrigações a eles incumbidas, os tutores registravam a compra de itens como vestuário, remédios, alimentação, material escolar e de trabalho. Assim, é possível perceber as diferentes ações quanto à educação para homens e mulheres, a concentração da educação profissional para os órfãos pobres ou de menores posses, a destinação da instrução elementar por meio do aprendizado das primeiras letras, além de eventualmente indicações quanto às idades adequadas para o envio de crianças à escola ou os impedimentos definitivos para isso, como deficiências físicas e intelectuais, segundo o julgamento da época.

Muitas vezes, crianças expostas acabavam tendo sua origem revelada nos testamentos e inventários *pos-mortem*, como filhos naturais de homens abastados com mulheres negras ou mestiças. O reconhecimento desses filhos muitas vezes refletia-se numa alteração das estratégias educativas a eles destinadas, quando os pais expressavam em testamento seu desejo de vê-los na escola de primeiras letras, sem que, no entanto, se descartasse a via da educação profissional, inclusive para as meninas, enviadas muito frequentemente para as mestras de costura, quando não para o Recolhimento de Nossa Senhora da Conceição das Macaúbas. Esses são dados importantes, já que remetem à inclusão da população mestiça nas redes de relações da sociedade mineira colonial, das quais procuravam se beneficiar ao máximo e que acabaram por criar uma realidade conflitante com os ideais das autoridades civis e eclesiásticas.

A preocupação das autoridades quanto às condições materiais da população, sua pobreza e suas carências manifestou-se desde os primeiros tempos da ocupação da zona de mineração do ouro, ocorrida rapidamente e resultando na constituição de numerosos núcleos urbanos. Às questões materiais juntaram-se aquelas relativas à formação étnica e à qualidade e condição da população, formada, já nas primeiras décadas do século XVIII, de considerável contingente de negros e de mestiços (livres e escravos). A falta de mulheres brancas agravava o quadro e proliferavam, mais do que desejariam as autoridades civis e eclesiásticas, os nascimentos ilegítimos, a exposição de crianças, o número de órfãos pobres. Como acontecia no Reino, também na América portuguesa essa era questão de relevo, e urgia fazer com que se cumprisse a legislação, sobretudo em relação aos órfãos e expostos. Além dos assuntos referentes às heranças e direitos sobre bens e pessoas, fazia-se necessário procurar garantir a sua educação e instrução.

Portanto, cuidar da educação de órfãos, sobretudo os pobres, desde a infância, seria medida profilática de grande interesse para o Estado, o que não significa, todavia, que tenham sido empreendidos efetivos esforços para sua concretização, nem que se registrassem os resultados esperados. Conforme analisado no primeiro capítulo, o fato de encontrarmos esse tipo de preocupação nas reflexões de funcionários da administração colonial não significa, porém, que estivesse aí a única origem de ações voltadas para a educação desses segmentos da sociedade mineira setecentista, e ela dependia invariavelmente das iniciativas da própria população, mesmo após as reformas pombalinas. Refiro-me particularmente às ações das associações religiosas leigas e às iniciativas das próprias famílias que, quando podiam, buscavam por seus próprios meios oferecer algum tipo de educação a seus filhos. Por isso, na Capitania de Minas Gerais, foi relevante a atuação de professores particulares, principalmente de primeiras letras – mesmo depois da instituição das aulas régias – bem como dos mestres de ofícios mecânicos.

A dimensão assistencial pode ser detectada nos documentos disponíveis para a Capitania de Minas Gerais, sobretudo em relação aos órfãos pobres e aos expostos. Analisando particularmente a Comarca do Rio das Velhas – cuja sede era a Vila de Nossa Senhora da Conceição do Sabará[10] – verifica-se uma presença significativa de órfãos pobres e

---

[10] A Comarca do Rio das Velhas foi, nos séculos XVIII e XIX, a maior em extensão, ligando-se às Capitanias da Bahia, do Rio de Janeiro, de São Paulo, do Espírito Santo, do Pernambuco e de Goiás, e sua sede, a Vila de Nossa Senhora da Conceição do Sabará, um dos maiores e mais dinâmicos núcleos urbanos da Capitania de Minas Gerais.

de expostos sendo criados pelas rendas da Câmara, de acordo com as normas impostas pela legislação portuguesa. Não houve nessa região a instalação de rodas de expostos, e a única Santa Casa de Misericórdia foi criada somente em 1832. Assim, as crianças eram geralmente deixadas às portas das casas dos moradores ou da Câmara da Vila de Sabará. Sua criação e educação acabava a cargo dos criadores, homens e mulheres que recebiam auxílio público para desempenhar essa função.

Os procedimentos básicos adotados na Capitania não diferiam substancialmente daqueles que já estariam previstos na lei. Como não havia instituições específicas para o acolhimento dos órfãos e expostos pobres, as Câmaras providenciariam sua criação, até os 7 anos de idade, por meio do pagamento aos criadores. A Câmara de Sabará pagava a quantia de 12 oitavas anuais de ouro para essa criação e, embora não fosse quantia avultada, ela invariavelmente atrasava em vários anos o seu pagamento. No século XVIII, no Brasil, uma oitava de ouro valia, em média, 1.400 réis e seria a quantia mensal paga pela criação de um exposto, sem incluir valores adicionais para o eventual pagamento de mestres de ofício ou de primeiras letras. Os valores cobrados pelos professores particulares de primeiras letras, por exemplo, eram muito variáveis, podendo oscilar de 130 a 700 réis mensais, por aluno.[11]

Uma parte nada desprezível dos criadores e criadoras era formada de pessoas pobres, para quem esses valores, embora baixos, eram muito significativos. É substancial a quantidade de requerimentos e petições enviados à Câmara solicitando o pagamento em atraso para aqueles que criavam expostos matriculados. Esses documentos contêm indícios importantes sobre as relações construídas entre os indivíduos envolvidos na criação daquelas crianças, as estratégias construídas para promover também sua educação, bem como dados sobre suas idades, condição social e etnia:

> Diz Joanna de Souza Teles, moradora da Lagoa Santa, que sendo exposto em casa de Maria Roza de Macedo um menino por nome

---

[11] A título de comparação, o ordenado de um Professor Régio variava de 80 mil a 460 mil réis anuais, dependendo do seu nível (se substituto ou titular) e da sua Cadeira (primeiras letras ou gramática latina, por exemplo).

> Manoel, a suplicante o tem criado, e educado e presentemente o tem nas Escolas de Primeiras Letras e Musica como tudo consta da atestação paroquial e como por beneficio do mesmo menino para seus vestuários necessita dos salários que este Senado costuma pagar.[12]

Embora indicasse ter tratado da educação do menino, enviando-o à escola de primeiras letras e ao aprendizado da música, Joanna de Souza Teles não usou os possíveis gastos com essa educação como argumento para obter da Câmara o pagamento dos valores em atraso pelos quase 7 anos da criação de Manoel. O pagamento da dívida, requerido em 1802, só foi efetuado integralmente em 1805. Segundo alguns estudos, o cuidado para além da simples criação das crianças expostas, pode muito bem indicar a possibilidade de relações de parentesco ou compadrio entre os criadores, as crianças e seus pais, o que justificaria o investimento em sua educação (VENÂNCIO, 1999).

Ocasionalmente apareciam petições de pessoas que tinham acolhido crianças expostas e que tentavam obter o auxílio tempos depois. Embora tais pedidos costumassem ser atendidos pela Câmara, nem sempre o valor pago correspondia às 12 oitavas anuais, normalmente destinadas aos criadores que cuidavam de expostos matriculados, principalmente quando já haviam se passado muitos anos desde a exposição da criança. Foi o aconteceu com Jerônimo de Araújo da Cunha, que encaminhou petição dizendo estar criando um menino branco, enjeitado em sua porta no dia 21 de dezembro de 1778, batizado com o nome de Antonio. Por ser pobre, Jerônimo solicitou à Câmara o pagamento pela criação do menino, o que lhe foi concedido, mas num valor muito inferior ao que corresponderia aos 7 anos já passados. Em outros casos, aquilo que era o cumprimento das disposições legais por parte da Câmara, era compreendido de forma distorcida, expressando

---

[12] APM/CMS-125, 1802, fl. 49. Enquanto em parte significativa dos documentos de natureza pública ou privada existentes na Capitania de Minas Gerais a menção à cor dos indivíduos só normalmente apareça quando se tratavam daqueles que eram considerados "não brancos", nas petições relativas aos expostos a situação é inversa, ou seja, a discriminação só aparece quando se tratavam de crianças brancas, a indicar, possivelmente, a ocorrência mais frequente – dada a composição étnica da população e à diversidade de condições – de expostos negros ou mestiços.

a força das tradições assistencialistas presentes na cultura luso-brasileira do Antigo Regime, como aparece em petição de 1785, feita por João Pereira do Lago, que dizia estar criando uma enjeitada de nome Simplícia, e que fazia isso com "muito amor e caridade". Afirmando saber que a Câmara "costuma dar esmolas" para alimentação e vestuário dos expostos, ele solicitava o pagamento, pois vivia "pobremente".[13]

A análise dos requerimentos e petições dos criadores e das respostas obtidas da Câmara permite vislumbrar, mesmo parcialmente, as dimensões assumidas pelo abandono de crianças, sua criação e as relações com a composição da população de parte da Comarca do Rio das Velhas, principalmente das áreas da Vila de Sabará e seu Termo. Compreendendo o período entre 1760 e 1813, foram examinadas 212 petições enviadas à Câmara por indivíduos diferentes. O número de homens e mulheres criadores está equilibrado, 108 homens e 104 mulheres (Gráfico 7), e os homens apareciam criando um número ligeiramente maior de crianças do que as mulheres (106 e 99, respectivamente) (Gráfico 8). A diferença entre meninos e meninas expostos é, no entanto, mais realçada: de um total de 205 crianças expostas eram 78 meninos e 127 meninas (respectivamente 38,05% e 61,95% do total). Essa proporção se repetia quando se verificam os meninos e meninas criados por homens e por mulheres (Gráficos 9 e 10).

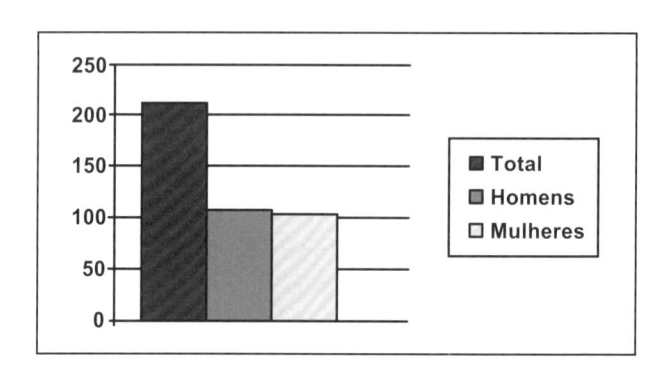

Gráfico 7 – Criadores de expostos – Comarca do Rio das Velhas

---

[13] APM/CMS-75, 1785, fl. 119-120.

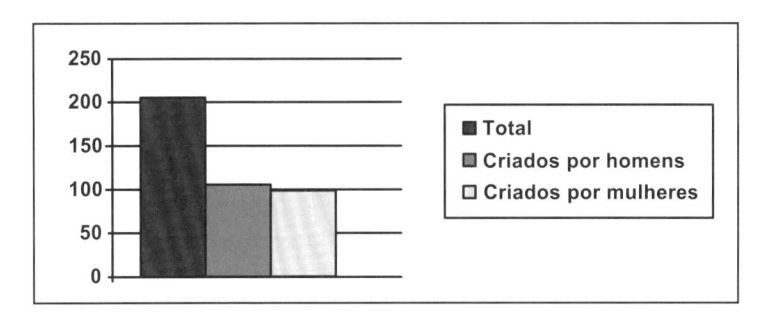

Gráfico 8 – Expostos criados com rendas da Câmara – Vila de Sabará

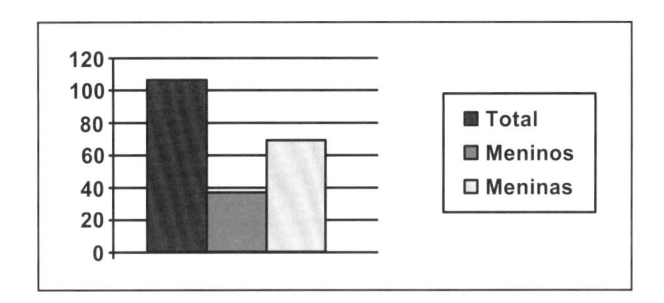

Gráfico 9 – Expostos criados por homens – Comarca do Rio das Velhas

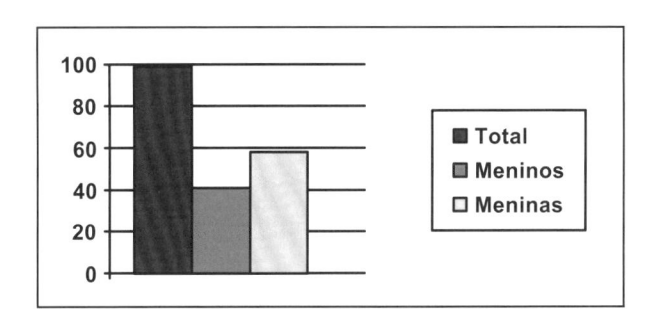

Gráfico 10 – Expostos criados por mulheres – Comarca do Rio das Velhas

Muitas crianças continuavam aos cuidados dessas pessoas mesmo depois de ter completado os 7 anos de idade, o que às vezes exigia que os criadores tratassem também de sua educação. No que se refere aos pobres, tal educação seria direcionada, como já foi indicado, para o aprendizado dos ofícios mecânicos, obrigando os criadores a expandir a rede de relações em torno dos órfãos e expostos, incluindo mestres e mestras de ofício, contratando-os e pagando-os. É preciso considerar evidentemente que muitos desses criadores podiam ser, como já foi observado, os próprios pais das crianças, parentes ou conhecidos da família, já que não era incomum, principalmente aqueles que padeciam de grande pobreza, lançar mão da exposição de seus filhos a fim de receber o auxílio das Câmaras (VENÂNCIO, 1999). Era ainda estratégia corrente reconhecer esses filhos em testamento, instituindo tutores que pudessem garantir seu sustento e sua educação, como o fez Francisca Antonia de Miranda, solteira, ao declarar em seu testamento que "vencida pela fragilidade do meu sexo tive os filhos Luiz, Carlota e Carlos que estão em minha companhia e foram batizados e criados como expostos por honestidade". Ela instituía seu primo como tutor, considerando-o "abonado e capaz de velar e administrar as suas pessoas e legítimas quando dele espero e confio igualmente a educação e aumento deles".[14]

É importante voltar a reforçar o fato de que, na Capitania de Minas Gerais, a inexistência, até o início do século XIX, das instituições e estabelecimentos pios de acolhimento aos órfãos pobres e expostos, concentrou a assistência nas Câmaras. As associações religiosas leigas, irmandades e ordens terceiras, cuidavam cada qual dos seus irmãos e suas famílias, e não consta que tivessem concedido auxílios fixos para a assistência aos mais necessitados, como o fazia o poder público. Dessa forma, a educação como medida assistencialista, associada à criação de expostos e ao atendimento aos órfãos pobres, esteve ligada quase que exclusivamente ao Estado. Nessas dimensões, educação significava, num momento posterior à criação, a preparação para o trabalho e a aquisição de competências que pudessem garantir a sobrevivência futura, acompanhadas, se possível, de valores morais que impedissem os descaminhos dessas crianças e jovens. O aprendizado das primeiras letras não era, portanto, prioritário, seja do ponto de vista legal, seja

---

[14] APM/CMS – 111. Livro de Registro de Testamentos (1800-1845). *Testamento de Francisca Antonia de Miranda*, 1814.

das ações práticas, mas não significa que não tenha ocorrido em função de condições pontuais e específicas, conforme já analisado.

Assim, a educação para o trabalho fazia-se por meio do envio das crianças, meninos e meninas, para os mestres e mestras de ofício, com os quais aprenderiam a garantir o seu sustento, ajudando a evitar que se desviassem do bom caminho. Na Capitania de Minas Gerais a maior parte dos meninos criados com rendas das Câmaras, encontrados nos documentos analisados, eram encaminhados para o aprendizado do ofício de alfaiate e da música. Esse último era particularmente procurado, pois a atividade musical era razoavelmente intensa nas principais vilas da Capitania, ativada pela frequência das encomendas de composições e de execuções, pelas Câmaras, irmandades e ordens terceiras. Muitos meninos e jovens atuavam como instrumentistas, mas principalmente como cantores nos coros que se apresentavam durante as festas civis e religiosas. Quanto ao ofício de alfaiate, parecia ter um maior valor social, possivelmente por se tratar de atividade artesanal mais sofisticada. Além disso, a intensidade da vida urbana nas Minas Gerais gerava maior demanda por vestuário, vinda não somente da população civil, mas também dos meios militares, das milícias da Capitania. Já as meninas eram encaminhadas às mestras de costura, e era nesse ofício que se ocupavam as órfãs ou as que tinham sido expostas, tirando dele o seu sustento. Além disso, o aprendizado da costura e dos bordados relacionava-se à educação moral das mulheres já que o bom encaminhamento nessas atividades ajudaria, segundo o julgamento da época, a evitar que elas tomassem o caminho da "desonestidade".[15]

Do ponto de vista institucional, as alternativas da combinação entre educação e assistência eram ainda mais difíceis na Capitania de Minas Gerais, pela já mencionada ausência das ordens religiosas. Se eram poucas as chances de uma menina órfã ou exposta ser recebida num dos dois recolhimentos existentes, para os meninos a oportunidade era ainda mais reduzida e só se apresentava para os que se mostrassem dispostos à vida religiosa, entrando para o Seminário de Mariana, a partir da segunda metade do século XVIII. No Brasil, os órfãos tiveram

---

[15] A questão da educação das meninas órfãs será tratada mais adiante.

acolhimento nas instituições dos jesuítas, desde o século XVI, localizadas nas capitanias do Pernambuco, Bahia, Pará, Rio de Janeiro, São Paulo e Espírito Santo, fechados, no entanto, após a expulsão da Companhia de Jesus. Estabelecimentos de outras ordens religiosas sobreviveram até o século XIX, nos quais além das primeiras letras, da gramática latina, da música e de alguma atividade manual, os meninos órfãos e expostos aprendiam o caminho da salvação dos pecados do mundo, muitas vezes acabando por seguir a carreira eclesiástica (LEITE, 1938; PAIVA, 2004; SANGENIS, 2004; VENÂNCIO, 1999). Na Capitania de Minas Gerais, sem a presença das ordens religiosas e de seus colégios, somente no final do século XVIII é que surgiram as primeiras iniciativas para a criação de instituições destinadas à educação dos pobres, como o Seminário do Vínculo do Jaguara, na Comarca do Rio das Velhas, cuja criação foi desejo do português Antonio de Abreu Guimarães.

Antonio de Abreu Guimarães viveu durante anos na Capitania de Minas Gerais como coronel dos Auxiliares e acumulou significativa fortuna que resultou nas fazendas de Jaguara, Mocambo, Riacho da Anta, Pau de Cheiro, Forquilha, Mello e Barra, todas na Comarca do Rio das Velhas, "com engenhos, fábricas, casas, escravos, gados e criações, além de muitas léguas de terras minerais" (ALVARÁ..., 2009). De volta a Portugal, Antonio de Abreu Guimarães solicitou à Rainha D. Maria I que parte de seus bens fosse vinculada, tornada inalienável e destinada a obras pias: dois hospitais e duas instituições educacionais na Comarca do Rio das Velhas, além de uma parte para o Recolhimento das Convertidas do Rego de Lisboa. Assim, em Alvará de 1787, D. Maria I determinou o estabelecimento do Vínculo do Jaguara, juntamente com seu Regimento. Referendando a solicitação do Coronel, o Alvará definia que, descontadas as partes cabíveis ao próprio instituidor e ao Recolhimento das Convertidas do Rego, deveriam ser fundados, em primeiro lugar um seminário para a instrução de meninos pobres na Fazenda do Jaguara e, em segundo lugar, outro seminário para a educação de "donzelas necessitadas", um "hospital para a cura do mal de S. Lázaro" e outro para a cura de enfermidades não contagiosas (ALVARÁ..., 2009).[16]

---

[16] O Regimento foi ligeiramente modificado pelo Alvará de 5 de fevereiro de 1810.

A instituição do Vínculo só se deu, no entanto, em 1802, depois da morte de Antonio de Abreu Guimarães – ocorrida em Lisboa, em 1801 – ficando, a princípio, sob a administração de seu sobrinho, o Coronel Francisco de Abreu Guimarães. Das obras pias que deveriam ser instituídas, só foram encontradas evidências documentais sobre o hospital para a cura de doenças não contagiosas e o seminário para meninos pobres. O hospital esteve sob a administração da Ordem Terceira de Nossa Senhora do Carmo até a criação da Santa Casa de Misericórdia de Sabará, em 1832, que o incorporou. Quanto ao seminário para meninos pobres, as fontes indicam que funcionou regularmente entre 1807 e 1811, atendendo meninos e jovens da Comarca do Rio das Velhas, principalmente das localidades mais próximas da Vila de Sabará. O Alvará de 1787 determinava que se fizesse um regimento para o Seminário, que "haja de servir de regra a quem o deva governar e aos Mestres e Seminaristas, assim pelo que pertence ao governo econômico, como também pelo que diz respeito a ordem e métodos dos estudos, e seus fins" (ALVARÁ..., 2009). Também definia que a Junta de Administração do Vínculo deveria ser composta por três eclesiásticos do Hábito de São Pedro e Senhores e o Diretor-Geral (que poderia ser eclesiástico ou Senhor). Já o Reitor do Seminário dos Meninos deveria ser necessariamente um dos eclesiásticos da Junta.

O seminário oferecia o ensino das primeiras letras, da gramática latina e recebia alunos com idade entre 6 e 20 anos, alguns deles porcionistas, além dos pobres que não pagavam pelos estudos e constituíam evidentemente a maioria. O ingresso dos alunos pobres na instituição ocorria geralmente depois de uma avaliação da situação de cada postulante e, uma vez constatada sua pobreza e falta de condições para o pagamento dos estudos, o candidato era admitido, e seu nome inscrito no livro de matrícula, à medida que existiam vagas. Esse processo era precedido do envio, por parte do aluno, de seu pai ou de alguém que o representasse, de um requerimento à Junta Administrativa do Vínculo do Jaguara, no qual se manifestava o desejo de ingressar no Seminário para o estudo das primeiras letras ou da gramática latina:

> Dizem Manoel Pinto da Cunha e Raimundo Pinto da Cunha, filhos legítimos de José Pinto da Cunha, e sua mulher Bárbara da Conceição, já falecida, naturais, batizados na Freguesia de Santo Antonio do Curvelo, e presentemente assistentes na mesma Freguesia, que eles suplicantes acham-se com idade suficiente para poderem aplicarem-se aos estudos das primeiras letras, mas não é possível poderem conseguir este tão grande benefício pela nimia pobreza de seu Pai, que suposto ser de tão grande distancia, poderá haver quem conheça o miserável estado em que vivem, e porque tiveram a noticia de que esta Conspícua Junta ia quanto antes cumprir com as Pias fundações determinadas por Sua Majestade em beneficio da pobreza, segundo a mente do Instituidor deste Vinculo. os suplicantes humildemente recorrem a Vossas Mercês para que se dignem admiti-los ao dito seminário das primeiras letras, para darem ultimo fim aos seus ardentes desejos, mandando proceder as suas matriculas.[17]

Os candidatos pobres explicitavam a falta de condições materiais que impediam o pagamento dos estudos, e o requerimento costumava vir acompanhado de outros documentos, como as atestações de pobreza, os certificados de batismo e os atestados de bons costumes, quase sempre passados pelos párocos das freguesias onde moravam:

> Diz José Simplício Guimarães, filho legitimo do Alferes Tomaz Rodrigues Guimarães já falecido, que ele pela sua pobreza atestada pelo seu Reverendo Pároco, está nas circunstâncias de ser admitido para estudar Gramática Latina no Seminário deste Vinculo, para o que apresenta a certidão do seu batismo, e a atestação do mesmo Pároco.[18]
>
> Domingos Carvalho de Azevedo Presbitero secular, coadjutor atual nesta Freguesia de Nossa Senhora da Conceição do Sabará. Atesto e faço certo que José Simplício Guimarães filho legitimo do falecido Alferes Tomaz Rodrigues Guimarães, e Dona Maria Policarpa Casimira paroquianos desta mesma Freguesia é branco, de limpo sangue, órfão de pai, muito pobre, e de bons costumes, e por isso se faz digno, está na circunstância de ser admitido, e receber a graça de ser educado no seminário do Jaguara, que de

---

[17] BNRJ/Manuscritos. *Requerimento ao presidente e aos deputados solicitando que sejam admitidos no seminário de primeiras letras.* Jaguara, 18/12/1807.

[18] BNRJ/Manuscritos. *Requerimento solicitando sua admissão nas aulas de Gramática Latina, alegando para isso sua pobreza e o fato de ter seu pai já falecido.* Jaguara, 19/12/1807.

novo se tem criado para instrução, educação da mocidade, e por verdade assino atestado. Sabará, 7 de dezembro de 1807.[19]

Dos dezesseis requerimentos examinados, enviados à Junta Administrativa do Vínculo do Jaguara entre 1807 e 1809, somente um diz respeito a aluno porcionista, cujo pai requereu sua admissão no Seminário mediante o pagamento da taxa estabelecida, cujo valor desconhecemos até o momento.[20] Embora o número não seja muito elevado, a diversidade presente nesse grupo é interessante e pode sugerir leituras que contrariam algumas afirmações mais tradicionais da historiografia: (a) era diminuto o valor atribuído à educação escolar por parte dos segmentos mais pobres da população; (b) esses segmentos estariam quase sempre mergulhados na ilegitimidade e se constituiriam quase sempre por indivíduos negros ou mestiços; (c) o ingresso de escravos e de seus filhos nas escolas estaria vedado por princípio. Além dos pobres, filhos legítimos, brancos ou não, o seminário recebeu expostos e filhos de escravos, conforme pode ser visto no quadro a seguir:

Alunos do Seminário para meninos pobres do Vínculo do Jaguara

Nome	Idade	Situação	Localidade	No Seminário	Curso
Manuel Pinto da Cunha	Não consta	- Filho legítimo de José Pinto da Cunha e de Bárbara da Conceição - Atestou ser pobre	Santo Antonio do Curvelo	Admitido em 1807	Primeiras Letras
Raimundo Pinto da Cunha	Não consta	- Filho legítimo de José Pinto da Cunha e de Bárbara da Conceição - Atestou ser pobre	Santo Antonio do Curvelo	Na fila de espera em 1807	Primeiras Letras
Silvério	8	- Filho legítimo de Eugênio Pereira Silvério e de Maria Thereza - Atestou ser pobre	Santa Luzia	Na fila de espera em 1807	Primeiras Letras

---

[19] BNRJ/Manuscritos. *Atestado comprovando a boa formação e os bons costumes de José Simplício Guimarães, o que possibilita sua admissão no Seminário do Jaguara.* Sabará, 07/12/1807.

[20] O único registro localizado acerca de valores pagos pelos porcionistas refere-se ao montante que o Vínculo do Jaguara deveria receber entre outubro de 1807 e agosto de 1810, e que seria de 289$422, mas sem indicação sobre a quantos alunos corresponderia. BNRJ/Manuscritos. *O Vínculo do Jaguara em sua conta corrente desde 11 de outubro de 1807 até 31 de agosto de 1810.*

Alunos do Seminário para meninos pobres do Vínculo do Jaguara (cont.)

Nome	Idade	Situação	Localidade	No Seminário	Curso
Felício	6	- Filho legítimo de Eugênio Pereira Silvério e de Maria Thereza - Atestou ser pobre	Santa Luzia	Na fila de espera em 1807	Primeiras Letras
Anacleto Ferreira da Silva Cintra	Não consta	- Exposto em casa do Tenente Coronel Manoel Ferreira da Silva Cintra - Atestou ser pobre	Barra do Jequitibá	Admitido em 1807	Gramática Latina
Joaquim José de Araújo	13	- Filho legítimo de Francisco José de Araújo Guimarães e de Catharina Ferreira Leite - Atestou ser pobre	Santa Luzia	Admitido em 1807	Primeiras Letras
José Simplício Guimarães	Não consta	- Branco - Filho legítimo do Alferes Tomaz Rodrigues Guimarães e de Maria Policarpa Casimira - Atestou ser pobre	Sabará	Admitido em 1807	Gramática Latina
José da Costa Couto	14	- Filho legítimo do Alferes José da Costa Couto - Atestou ser pobre	Santa Luzia	Admitido em 1807	Gramática Latina
José Freitas Vianna	16	- Exposto em casa de Helena Joaquina de São José - Filho natural de Narcisa Floriana Roza - Atestou ser pobre	Sabará	Admitido em 1807	Gramática Latina
José Martins Gandra	20	- Filho legítimo de José Martins Gandra e de Francisca Jacinta de Andrade - Atestou ser pobre	Santa Luzia	Admitido em 1807	Gramática Latina
Serafim Gomes da Mota	16	- Filho legítimo de Francisco Gomes da Mota e de Violante de Menezes Sodré - Porcionista	Santo Antonio do Curvelo	Admitido em 1808	Primeiras Letras
Francisco Ferreira	8	- Pardo - Filho legítimo de Manoel Ferreira da Silva - Atestou ser pobre	Lagoa Santa	Admitido em 1808	Primeiras Letras
Manoel Joaquim Ferreira	Não consta	- Branco - Filho legítimo do Alferes José Joaquim Ferreira	Sabará	Não consta	Consta

Alunos do Seminário para meninos pobres do Vínculo do Jaguara (cont.)

Nome	Idade	Situação	Localidade	No Seminário	Curso
Não mencionado	Não consta	- Filho do Alferes Manoel dos Santos Oliveira - Atestou ser pobre	Congonhas do Campo	Admitido em 1809	Gramática Latina
Miguel	8	- Pardo - Filho legítimo de Luis da Cruz (escravo) e de Antonia Coelha (parda forra) - Atestou ser pobre	Não consta	Admitido em 1809	Primeiras Letras
Francisco Ferreira da Silva	10	- Órfão - Atestou ser pobre	Santa Luzia	Admitido em 1809	Primeiras Letras

Observa-se aqui também a falta de um critério ou de padrão fixo em relação às idades para o ingresso nos estudos de primeiras letras ou gramática latina. A se considerar as características presentes nos requerimentos, a reabertura do seminário, em 1807, suscitou o interesse daqueles que se encontravam na pobreza, sem condições de pagar por um mestre.

Uma questão que não fica clara é o motivo pelo qual alguns desses indivíduos procuraram o seminário, numa Comarca onde havia aulas régias de gramática latina e de primeiras letras, inclusive na região mais próxima à Fazenda do Jaguara, onde funcionou o seminário para meninos pobres. Entre 1780 e 1814 havia mestres régios das duas cadeiras nas Vilas de Sabará, Caeté (Vila Nova da Rainha) e São Bento do Tamanduá, nos Arraiais de Curral del Rei e Sumidouro e na Freguesia de Santa Luzia, todas elas localidades próximas. Uma hipótese a ser considerada é que a demanda pelos estudos fosse maior do que a capacidade de vagas das aulas régias, numa região de considerável população. Desde as últimas décadas do século XVIII a Vila de Sabará e seu termo (que compreendia inúmeros arraiais, distritos e freguesias, como Santa Luzia, Santa Quitéria, Congonhas do Sabará, Curral del Rei, Sete Lagoas, Contagem das Abóboras, Capela Nova do Betim, Venda Nova e Raposos) era a mais povoada da Capitania, assim como a própria Comarca do Rio das Velhas, da qual era sede, a mais extensa e populosa. Estima-se, por exemplo, que em 1808 a Vila de Sabará teria, no conjunto, cerca de 76.000 habitantes.

Como ocorreu em boa parte da região mineradora, a intensificação das atividades agrícolas e comerciais, destinadas ao abastecimento da região e de outras áreas, e os dinâmicos contatos com outras áreas da América portuguesa estimularam a urbanização, atraindo a população e diversificando atividades econômicas. Além disso, cumpre lembrar que as preocupações da coroa portuguesa com o ordenamento e o controle da população e de suas atividades, resultaram na criação de complexa estrutura administrativa, que contava com um pequeno exército de funcionários, civis e militares, em todas as Vilas da Capitania das Minas Gerais. Sabará era uma das vilas nas quais havia uma Intendência do Ouro (as demais eram Vila Rica, São João del Rei, Vila do Príncipe) e contava com a estrutura de arrecadação dos quintos e fundição do ouro. Para os segmentos menos favorecidos da população, as capacidades de leitura e de escrita poderiam significar a possibilidade não só de ingressar nos níveis mais baixos da administração civil e ocupar algumas funções de destaque na organização das irmandades e ordens terceiras mas também de ganhar a vida como escreventes particulares, prestando serviços à população, analfabeta em sua maioria. Esse quadro poderia explicar as intenções perceptíveis em alguns dos requerimentos de ingresso no Seminário do Jaguara, nos quais parecia premente a necessidade da instrução:

> Diz Joaquim José de Araújo, filho legítimo de Francisco José de Araújo Guimarães e de Catharina Ferreira Leite, já falecida, natural e morador desta mesma Freguesia de Santa Luzia, de idade de treze anos, que seu Pai se acha na maior decadência de bens e pobreza, [pencionado] com muitos filhos, de tal sorte que até agora não tem podido mandar instruir o suplicante nas primeiras letras nem ao menos assistir-lhe com o perciso vestuário, como a Vossas Mercês é bem constante, e porque o suplicante não tem outros meios alguns de procurar a sobredita instrução como tanto deseja, recorre a Piedade de Vossas Mercês para que se dignem usar com ele da graça concedida por Sua Majestade em benefício da pobreza, admitindo-o ao seminário para ser instruído ao menos nas primeiras letras, *de que muito necessita*, e mandando para isso matriculá-lo no livro competente.[21]

---

[21] BNRJ/Manuscritos. *Requerimento solicitando que seja admitido no seminário para que possa receber aulas de primeiras letras*. Jaguara, 18/12/1807. Grifos nossos.

> Diz Miguel pardo de idade de 8 anos filho legítimo de Luiz da Cruz escravo, e de Antonia Coelha parda forra, nascido e batizado nesta mesma Freguesia, que ele suplicante se acha na precisão de ser instruído nas primeiras letras, o que não pode conseguir pela sua muito grande e conhecida pobreza, e por agora vai o suplicante valer-se da inata Piedade de Vossas Mercês para que atendendo a sua indigência se dignem piedosamente admiti-lo a este seminário do Jaguara, aonde se instrui nas sobreditas aos meninos pobres.[22]

Mesmo que não fossem em grande número, escravos e filhos de escravos podiam ter acesso à instrução das primeiras letras. Em alguns casos os próprios senhores mandavam instruí-los a fim de obter mais proveito por meio do aluguel de escravos qualificados (PAIVA, E., 2003). Para eles ou seus filhos, o letramento poderia servir também como instrumento para a obtenção de vantagens, inclusive a liberdade. Os objetivos primordiais do estabelecimento de fundações pias como o seminário para meninos pobres do Vínculo do Jaguara eram, assim, ultrapassados numa região onde as ações e as intenções dos poderes constituídos nem sempre eram previsíveis.

O imediato interesse suscitado pelo Seminário do Jaguara aponta, assim, para a existência das necessidades sociais e culturais na aquisição do letramento. A maior parte dos documentos encontrados sobre o seminário refere-se ao período em que foi tentada a reestruturação do Vínculo, logo após a morte do Coronel Francisco de Abreu Guimarães, sobrinho do instituidor. Durante sua gestão como Presidente da Junta Administrativa não houve prestação de contas nem funcionamento eficaz das fundações pias determinadas pela criação do Vínculo, em 1802. Depois da morte do Coronel Francisco a Junta iniciou um movimento pela recomposição das rendas e do funcionamento das fazendas e das fundações, reorganizou o quanto pôde as contas a partir do ano de 1805 e reabriu o Seminário de Educação de Meninos em 1807. Isso explica a maior concentração dos documentos a ele relativos nesse período, embora ainda não se tenha notícia dos livros de matrículas e dos estatutos da instituição.

---

[22] BNRJ/Manuscritos. *Requerimento solicitando que, por sua pobreza, seja admitido com aulas de primeiras letras em Jaguara.* Jaguara, 25/02/1809.

Entre 1807 e 1811 o seminário funcionou regularmente, não obstante as grandes dificuldades financeiras do Vínculo do Jaguara, que lutava para manter as rendas provenientes da produção agropecuária das fazendas de sua propriedade, e sentia o peso da queda substancial das rendas da produção do ouro em suas terras, quando ainda não haviam sido implementadas técnicas mais avançadas de mineração subterrânea. Além dos gastos com o pagamento dos Mestres de gramática latina e de primeiras letras, havia as compras de material (papel, tinteiros), calçados e tecidos para a confecção de roupas para os alunos, remédios e gêneros que as fazendas porventura não produzissem.[23] A partir de 1814 a má administração, a queda na produção e as dívidas acumuladas tornaram mais difícil a manutenção, tanto do Seminário quanto do Hospital. Desse momento em diante, embora o Vínculo do Jaguara continuasse a existir até a segunda metade do século XIX, desaparecem as referências ao seminário para meninos pobres. O Hospital passou à Santa Casa de Misericórdia, quando de sua criação em 1832, e a Fazenda do Jaguara, que remonta à segunda década do século XVIII, sobreviveu independentemente do Vínculo, até os dias atuais, passando por vários proprietários. Ao que tudo indica, a assistência aos pobres fora do âmbito das irmandades e ordens terceiras, principalmente na Vila de Sabará e seu Termo, ficou a cargo da Santa Casa de Misericórdia, que viu misturarem-se entre suas funções o atendimento aos doentes não contagiosos e a educação, aumentando ainda mais as suas já difíceis condições. Conforme destacava em 1828 o Procurador da Ordem Terceira de Nossa Senhora do Carmo, ainda responsável pelo Hospital, além dos doentes ainda lá havia

---

[23] A produção das fazendas do Vínculo do Jaguara era razoavelmente diversificada (açúcar, feijão, café, marmelada, milho, aguardente, rapadura, farinha, arroz, couros) e, além de prover a sua subsistência e a do seminário, destinava-se à comercialização na Comarca do Rio das Velhas. BNRJ/Manuscritos. *Extrato de contas dos anos de 1808 a 1810 apresentados à Junta administrativa do Vínculo do Jaguara por Joaquim Gonçalves da Silva e Costa, Procurador-Geral do mesmo e José Carlos Caetano Monteiro Guedes,* secretário; BNRJ/Manuscritos. *Cópia autentica da conferencia de 18/12/1807 que se acha lançada no respectivo livro das conferencias.* Fazenda do Jaguara, 1807; BNRJ/Manuscritos. *Oficio dos administradores do Vinculo do Jaguara a V.A.R. para que Sua Majestade faça recair sobre a administração do Vinculo suas pias deliberações.* Junta do Vinculo do Jaguara, 07/09/1814.

> [...] 16 educandos a aprenderem a ler, escrever, cozer, etc. Como é isto compatível em um Hospital, onde deve reinar o silêncio, e o mais perfeito sossego, para a tranquilidade, e alivio dos desgraçados enfermos? Por ventura seria a mente do Instituidor, e dos Soberanos Decretos, que a autorizou, que uma casa destinada para a cura dos enfermos houvesse de transformar em casa de educação? Por certo que ninguém avançará um tão absurdo paradoxo.[24]

Instrução e assistência fizeram par no mundo luso-brasileiro do Antigo Regime, mas se interligaram de forma peculiar na Capitania de Minas Gerais. Embora seguindo os ditames fundamentais da legislação do Império e comungando dos mesmos valores básicos em relação ao atendimento aos pobres, principalmente as crianças e os jovens, nesta parte da América portuguesa sua efetiva ação esteve nas mãos das Câmaras e dos leigos, não raro mais preocupados com a assistência do que com a educação. Iniciativas como o Seminário do Vínculo do Jaguara tiveram existência efêmera e, no século XIX, ao lado das escolas públicas já no período do Brasil independente, floresceram os educandários confessionais distintos para meninos e meninas, mas que pouco tinham de assistencialistas, tornando-se centros para a educação das elites mineiras no Império e na República.

Letras, ofícios e bons costumes longe da educação estatal[25]

Muito antes do estabelecimento das reformas pombalinas da educação e da criação das aulas régias, a população da Capitania de Minas Gerais já construía importantes relações com as práticas educativas que poderiam tanto resultar no aprendizado da leitura e da escrita ou da gramática,

---

[24] Representação do Procurador da Ordem Terceira de Nossa Senhora do Carmo à Mesa. 9 de abril de 1828 (*apud* PASSOS, 1929, p. 90).

[25] Esta parte do capítulo contou com a colaboração de Paola Andrezza Bessa Cunha e Cláudia Fernanda de Oliveira, que escreveram sobre a educação moral nas irmandades leigas e sobre a educação de mulheres órfãs, respectivamente. Elas integraram a equipe do projeto sob minha coordenação, investigando as práticas educativas na Capitania de Minas Gerais. Agradeço-lhes a colaboração generosa. Seus trabalhos estão referenciados na bibliografia, ao final do livro.

quanto no aprendizado de ofícios mecânicos, todos associados, de alguma forma, à doutrina cristã. Antes das aulas régias, não havia sequer escolas de ordens religiosas, e os povos das Minas, se quisessem instruir-se nas letras, deveriam buscar os mestres particulares que, aos poucos, foram se tornando habituais naquela sociedade. Muitas famílias e/ou indivíduos, abastados ou não, enviavam seus filhos ou dependentes para mestres particulares de primeiras letras ou de gramática latina. Exatamente por se inserir nessa dimensão da vida privada, as referências a eles são frequentes na documentação, principalmente aquela de natureza cartorial.

Nas diferentes comarcas e mais concentradamente nas vilas e seus termos a presença desses professores é digna de nota, mesmo depois das reformas pombalinas e da implantação das aulas régias, entre meados do século XVIII e as primeiras décadas do século XIX. Alguns desses professores, em função do exercício da atividade, construíram relações duradouras com os segmentos mais privilegiados da sociedade e estreitaram outras com indivíduos de sua condição e ofício, além de garantir uma inserção mais qualificada em irmandades leigas e ordens terceiras, e em cargos da administração colonial. Isso sem contar os sacerdotes que acabavam por exercer o magistério particular. Alguns casos são elucidativos das situações vivenciadas naquele contexto em que a educação podia ser o elemento mediador entre os grupos e os indivíduos. Nesta seção, o foco será jogado na Comarca do Rio das Velhas, mais particularmente na Vila de Sabará e seu termo, em relação à qual vem sendo realizada a pesquisa mais verticalizada sobre a educação fora do âmbito do Estado.

O primeiro aspecto a ser considerado diz respeito aos professores particulares, presentes em muitas localidades da Comarca, principalmente de primeiras letras e de gramática latina, que atendiam diferentes segmentos da sociedade local. Seus alunos eram filhos de comerciantes, militares, funcionários, fazendeiros, oficiais mecânicos, além de órfãos pobres e de expostos. Eram meninos brancos e pardos, filhos legítimos ou naturais, de origens mais ou menos abastadas. Analisarei algumas trajetórias de professores, procurando dar visibilidade, no que for possível, às suas redes de relações sociais e a alguns aspectos do funcionamento da educação particular.

Na segunda metade do século XVIII, João Fernandes Santiago era um professor particular licenciado e atuante na Vila de Sabará, com sua escola pública de ler, escrever e contar.[26] Os rendimentos do seu trabalho como professor de primeiras letras provinham dos pagamentos feitos pelos pais dos alunos ou de seus tutores, no caso daqueles que já eram órfãos quando foram enviados à sua escola. Entre 1768 e 1800, pelo menos, João Fernandes Santiago ensinou a meninos filhos de militares, fazendeiros, negociantes e oficiais mecânicos, muitos deles portugueses, e homens nascidos na Capitania de Minas Gerais, alguns deles pardos. O que sabemos sobre sua vida pessoal, por enquanto, é que foi casado com Maria Bernarda de Souza e chegou a possuir duas casas de morada no centro da Vila de Sabará. João Fernandes Santiago foi irmão da Irmandade de Nossa Senhora do Amparo dessa Vila, tendo sido membro da Mesa entre 1758 e 1773, onde também ocupou o cargo de escrivão por algum tempo. Essa era uma irmandade de homens pardos, e é possível que ele também o fosse, não apenas por essa inserção na irmandade, mas também pelo fato de que ele construía suas redes de relações com outros homens pardos e "letrados" como ele,[27] não somente com homens, mas também com mulheres pardas, como Catherina da Conceição, que o nomeou como seu possível testamenteiro, numa lista em que ele aparecia em quarto lugar.

Por sua atividade como professor, João Fernandes Santiago ligou-se aos destinos de algumas famílias da Vila de Sabará, que a ele enviaram seus filhos em busca da instrução elementar. Entre seus alunos havia meninos expostos, que ele ensinava por encargo de um criador; meninos pardos, nascidos em famílias legalmente constituídas e descendentes de negros alforriados; meninos brancos de pais nascidos no Brasil; meninos pardos, filhos de portugueses. Entre estes dois últimos estão os casos mais documentados, como o dos filhos do Coronel Jerônimo da Silva

---

[26] Escola pública aqui significa ser aberta ao público, mas mantida com recursos privados, não sendo, portanto, escola estatal.

[27] Letrado aqui não se refere à definição dada ao termo no século XVIII, que significava aquele indivíduo que fosse jurista ou advogado, ou aquele versado nas letras. Designa o indivíduo que obteve o letramento entendido como capacidade de uso da cultura escrita. Ver referências na nota 2 do capítulo I.

Guimarães, português natural da Vila de Guimarães. Ao morrer, em 1786, ele havia se tornado homem de razoável posição na Vila de Sabará. Negociante, no posto de tenente-coronel, Jerônimo da Silva Guimarães fazia parte de círculos privilegiados da sociedade local, sendo irmão da Irmandade do Santíssimo Sacramento e mantendo participação em outras, inclusive da exclusiva Ordem Terceira de Nossa Senhora do Monte do Carmo, da qual faziam parte os setores mais abastados e poderosos da sociedade. Sua posição também o fazia ser requerido para diversas atividades, inclusive em operações como fiador de empréstimos. O Coronel, segundo sua própria declaração em testamento, nunca havia se casado, mas reconheceu ter tido três filhos: uma mulher já casada nessa época e dois meninos, Manoel e Jerônimo José, que ele enviou à escola de João Fernandes Santiago, juntamente com um sobrinho e um escravo. Os meninos foram alunos de Santiago até o falecimento do Coronel, e a interrupção do pagamento das aulas levou o professor de primeiras letras a requerê-lo aos administradores da herança.

Esse recurso foi, na verdade, utilizado diversas vezes por João Fernandes Santiago, que se via frequentemente às voltas com problemas dessa natureza, relativos aos pagamentos pelos seus serviços. Suas petições e requerimentos ao Juízo de Órfãos da Vila de Sabará são importantes fontes não somente sobre sua atividade profissional, mas também sobre as redes de relações que ele estabelecia em torno dela. Além dos filhos do Coronel Jerônimo da Silva Guimarães, João Fernandes Santiago teve em sua escola de primeiras letras dois dos filhos de Antonio da Rocha Lima, dono de considerável fortuna e protagonista de uma curiosa batalha judicial pelo controle de seus bens. Os dois meninos, Manoel e Bernardo, diferentemente dos filhos do Coronel Jerônimo da Silva Guimarães, parecem ter frequentado as aulas apenas após a morte do pai, por ordem do tutor de seus bens. Também nesse caso, o professor João Fernandes apelou ao Juízo de Órfãos para garantir o recebimento pelas aulas dadas.

As relações com a família Rocha Lima iam além do ensino de ler, escrever e contar. João Fernandes Santiago tinha alguns dos filhos de Antonio da Rocha Lima entre suas relações pessoais e não hesitou em recorrer a eles quando precisou. José da Rocha Lima e o Capitão Francisco da Rocha Lima, homens pardos, depuseram em favor do professor em petição sobre o pagamento do ensino dado aos filhos do Coronel Jerônimo da Silva Guimarães. Além dessas duas testemunhas, João Fernandes Santiago recorreu a um terceiro homem que também era pardo e tinha em comum com os Rocha Lima o fato de ser escrevente. Embora ainda não haja certeza se o mestre de primeiras letras era um homem pardo, é instigante que seu círculo de relações fosse assim constituído, com pessoas com alguma capacidade de leitura e escrita, o que lhes dava a condição de viver desse ofício.

Se João Fernandes Santiago recebeu ou não o que lhe era devido pela herança do Coronel Jerônimo, não se sabe. Mas o aprendizado de ler e escrever, resultante das aulas dadas aos dois meninos, parece ter feito alguma diferença para eles. Jerônimo José, por quem o falecido Coronel parecia ter maior predileção, morreu por volta de 1857, e seu inventário não indica que tivesse deixado muitos bens, mas a educação escolar recebida na infância fez alguma diferença para ele já que, no início do século XIX, chegou a ser oficial da Câmara da Vila de Sabará como tesoureiro, e também tesoureiro da Ordem Terceira de Nossa Senhora do Carmo da mesma Vila. Manoel, morto em 1822, tornou-se relojoeiro e latoeiro. No momento da partilha de seus bens, foram dados como herdeiros seu irmão Jerônimo José, sua irmã Águeda e os dois filhos do segundo casamento de sua mulher. Manoel, exercendo profissões mecânicas, também era apreciador das letras. Dezenove livros foram distribuídos entre seus herdeiros, cabendo a maior parte aos filhos do segundo casamento de sua mulher. Entre os volumes arrolados, constavam vidas de santos e de beatos, livros técnicos, uma *Ortografia*, sete volumes intitulados *Academia* e alguns títulos curiosos, como *Divertimento Erudito*[28] e *Casos Pasmosos*. A família Silva Guimarães teve existência prolongada

---

[28] Essa obra parece ser *Divertimento erudito para os curiosos de notícias históricas, escolásticas, políticas e naturaes, sagradas e profanas; descoberta em todas as idades, e estados do mundo até o presente e extrahida de vários authores/Pela Infatigável Diligencia do Pregador Geral Fr. João Pacheco*. Lisboa: na Officina Augustiniana: na Officina de António de Sousa da Silva, 1734-1738.

em Sabará. Morto em 1887, às vésperas da proclamação da República no Brasil, o neto do Coronel Jerônimo, Jerônimo Augusto da Silva Guimarães tinha bastante familiaridade com a escrita e a leitura, que, a propósito, parece ter se tornado cada vez mais intensa a cada geração dessa família. Possuidor de objetos como tinteiros e escrivaninha, ele era assíduo consumidor de papel no comércio da cidade.

O professor João Fernandes Santiago também recebeu em sua escola filhos de famílias de posses medianas, ligadas ao comércio ou aos ofícios mecânicos. O pardo Manoel Caetano dos Santos Cruz era possuidor de alguns escravos e de moradas de casas, quando morreu em 1793. Pai de quatro filhos, havia mandado os dois meninos, Ignácio e Bazilio, aprenderem a ler e escrever com João Fernandes. Três anos depois da morte de Manoel, o professor ainda reivindicava pagamento pelas aulas, e as dificuldades na quitação integral da dívida em dinheiro (ou em oitavas de ouro) fizeram com que o tutor acabasse por negociar parte dela em objetos deixados pelo falecido. Assim, João Fernandes Santiago acabou vendo suas aulas rendendo-lhe pratos, caldeirões, ferramentas e móveis, até que fosse integralizado o valor que lhe era devido pelo espólio. Quanto aos dois alunos, somente Ignácio prosseguiu mais tempo no aprendizado da leitura e da escrita, estando na escola em 1797 e ainda lá por volta de 1800. Já Bazilio estivera com João Fernandes Santiago até a morte de seu pai, quando passou a aprender o ofício de sapateiro com dois diferentes mestres oficiais, mas dois anos depois fugiu para o sertão, passando a morar no Distrito de Curvelo, vivendo daquele ofício.

João Fernandes Santiago não era o único professor atuante na Vila de Sabará e seu termo nessa época. Um sobre quem temos alguma informação e, como Santiago, não era professor régio, é o Padre mestre Joaquim Machado Ribeiro, que, segundo Zoroastro Vianna Passos (1940), mantinha um "colégio" no arraial de Congonhas do Sabará, onde teriam estudado filhos de famílias abastadas, alguns dos quais se notabilizariam pela atuação na vida intelectual de Minas Gerais.[29]

---

[29] Um dos alunos desse "colégio", Francisco de Paula Rocha, acabou mantendo estreitas relações com o Padre Joaquim Machado Ribeiro, e seus filhos foram beneficiados

Significativas são as evidências de que indivíduos da camada intermediária da sociedade mineira setecentista recorriam a professores particulares para ensinar a seus filhos principalmente as primeiras letras. Ainda é possível inferir algumas preferências quanto aos professores, em função das circunstâncias em que se encontravam os alunos e suas famílias. Por exemplo, quase todos os documentos localizados até o momento indicam que João Fernandes Santiago estabelecia contratos com os pais dos alunos quando estes ainda estavam vivos. Os registros encontrados para outros professores particulares tratam em geral de encaminhamentos feitos pelos tutores dos órfãos, portanto já depois da morte dos pais. Neste último caso, os indivíduos identificados como professores de primeiras letras não constam, na documentação analisada, como professores régios ou particulares licenciados. Penso ser possível levantar a hipótese de que fossem pessoas que tinham alguma outra profissão ou ocupação e que aproveitavam sua capacidade de leitura e de escrita para desenvolver uma atividade remunerada paralela, ensinando meninos órfãos a ler e a escrever, a mando dos seus tutores. Outro elemento que reforça essa hipótese é que nunca é referida a eles a existência de uma escola, particular que fosse, como vimos para João Fernandes Santiago. Um dos casos que deixa claramente aberta essa possibilidade, consta em petição feita por José da Costa Ferreira:

> Diz o Capitão José da Costa Ferreira que por morte do Tenente Custódio José de Almeida, deixou um herdeiro menor e como este morreu intestado foi por este Juízo nomeado para seu tutor o Alferes Eulelio Manoel Teixeira, o que logo cuidou da educação do dito herdeiro **pondo aprender a ler e escrever e a doutrina cristão [sic] com o suplicante** ajustando por meia pataca de ouro por mês que teve seu princípio no dia vinte e cinco de abril e como são já passados dez meses por isso requer o suplicante a V.M. que respondendo o dito tutor sobre a verdade [...] lhe mande satisfazer o tempo vencido **como também um feitio de uma**

---

como herdeiros do Padre. Paula Rocha foi conhecido latinista e educador, atividades que se mantiveram na família. Um de seus filhos, Septimo de Paula Rocha, notabilizou-se pela atuação na educação pública na segunda metade do século XIX e uma das mais antigas escolas de Sabará – hoje escola estadual – leva o seu nome.

casacão que lhe fez e emporte meia oitava de ouro que junto com o que tem vencido do ensino de ler e escrever faz o computo de 3/8as de ouro.[30]

O Capitão José Ribeiro de Carvalho – já mencionado no início deste capítulo – natural da Freguesia de Santo Adrião, Arcebispado de Braga, constituiu família nas Minas Gerais, casando-se com Dona Quitéria Maria de Barros. Antes disso, ele havia tido um filho com a parda Antonia Rangel de Abreu; o rapaz vivia com ele e tinha 26 anos de idade quando foi instituído seu herdeiro. Do casamento nas Minas, ele declarou seis filhos vivos em seu testamento, feito em 1769, ano de sua morte: José (12 anos), Anna (8 anos), Marianna (7 anos), Bernarda (5 anos), Joaquina (3 anos) e Manoel (2 anos). José Ribeiro de Carvalho construiu para si significativa posição na Vila de Sabará, tendo sido irmão da Ordem Terceira de Nossa Senhora do Monte do Carmo, em cuja igreja foi sepultado. No seu inventário não consta a relação de bens, que nos ajudaria a vislumbrar mais elementos sobre a vida material e as atividades desenvolvidas no seio dessa família, mas percebe-se que seus negócios eram variados, transitando entre atividades creditícias e comerciais.

Em seu testamento, nomeou a mulher como administradora dos bens e tutora dos filhos, por lhe reconhecer a "grande capacidade e inteireza".[31] Durante muitos anos, D. Quitéria Maria de Barros cumpriu a tarefa, cuidando das questões resultantes do inventário e prestando contas sobre suas responsabilidades para com os filhos, incluindo a instrução nas primeiras letras e o estudo da Gramática para seus dois filhos homens. As posses da família não devem ter sido pequenas, pois os recursos administrados pela viúva eram consideráveis, tendo ela pago dívidas e serviços, e entregado aos filhos, depois de alguns anos, suas legítimas. Nas prestações de contas apresentadas por D. Quitéria, constam sempre compras vultosas com artigos de vestuário para os todos os filhos, além do pagamento de mestres particulares para os dois meninos e algum material para estudo, como livros, e joias para as meninas.

---

[30] CBG/CPO-LT 24 (37). *Testamento de José Ribeiro de Carvalho*. Grifos nossos.

[31] CBG/CPO-LT 24 (37). *Testamento de José Ribeiro de Carvalho*.

Quando da morte do pai, é provável que o menino José, então com 12 anos de idade, já tivesse frequentado as aulas de primeiras letras, pois estava nos estudos da gramática latina com o mestre José Félix de Aguiar, nos quais permaneceu por sete anos. Já o menino Manoel, foi colocado a aprender as primeiras letras com o mesmo mestre João Fernandes Santiago, que ensinou aos filhos de Jerônimo da Silva Guimarães. D. Quitéria planejava enviá-los para o seminário, para seguirem a vida religiosa. Quanto às meninas, viviam em companhia da mãe com quem aprendiam "todos os bons costumes, e a coser, e *a ler, escrever*, tudo com educação e recato, e cuidado grande, para a seu tempo lhe (*sic*) dar a melhor arrumação de seus estados".[32] O filho José acabou indo viver no Rio de Janeiro onde, depois de completar 21 anos, recebeu o restante das suas legítimas e ele próprio escreveu e assinou o recibo de quitação total da sua parte da herança. As filhas, que foram iniciadas nas primeiras letras pela mãe, deixaram alguns documentos escritos de próprio punho, exceto Bernarda, que por alguma razão não aprendeu a escrever. A trajetória dessa família indica importantes questões para estudo, pelo papel central que a esposa desempenhava, por sua inserção expressiva na cultura escrita, pela preocupação com a educação dos filhos do ponto de vista dessa inserção, inclusive das mulheres, e pela elaboração explícita de estratégias em relação ao futuro de seus membros, tendo a educação de natureza escolar como parte importante desse processo.

Em várias localidades da Comarca do Rio das Velhas havia professores particulares e os registros já levantados sobre eles cobrem o período de 1766 a 1800. Embora não se possa dizer que todos eles tinham o magistério como sua principal ou única profissão, é interessante verificar a sua presença em localidades onde havia aulas régias funcionando regularmente, no mesmo período. É o caso da Vila de Sabará, onde trabalhavam João Fernandes Santiago e Pantalião Ribeiro de Souza, que atuou durante a década de 1790. Também no Arraial de Santa Luzia as aulas régias encontravam a concorrência de professores particulares, como José Dias da Costa, de primeiras letras, e José

---

[32] CBG/CSO-I (31) 257. *Inventário de José Ribeiro de Carvalho*. Grifos nossos.

Félix de Aguiar, de gramática latina. Outra localidade onde funcionou regularmente ao menos uma cadeira de primeiras letras entre 1787 e 1829, foi o Arraial do Curral del Rei, que, no entanto, parecia não atender aos moradores dos lugares ligados à sua freguesia, como Rio Manso, Capela Nova do Betim, Serra Negra e Contagem das Abóboras. As distâncias, variando entre 30 e 100 km, consideráveis para a época, dificultavam o deslocamento dos meninos para o Curral del Rei. Assim, em todas aquelas localidades, havia professores particulares de primeiras letras que pareciam se beneficiar do desejo de algumas famílias de ver seus filhos instruídos e com os ditames legais que obrigavam os tutores a enviar os meninos órfãos para receber os rudimentos da leitura e da escrita. Isso talvez pudesse contribuir significativamente para a sobrevivência de Antônio Nunes da Silva, Domingos dos Santos, João Francisco de Carvalho, Salvador Luiz de Azevedo e Antonio da Rocha Dantas Lima, que ensinaram a ler e escrever entre 1766 e 1812. Em outras localidades, como Mateus Leme, os professores públicos só vieram a ser encontrados depois da década de 1830, já nos quadros da legislação educacional do Império, o que pode explicar a presença de professores particulares no período anterior, mais como necessidade do que como opção.

O que essa atividade rendia efetivamente é difícil precisar. Embora haja registros de valores cobrados pelos professores, em geral ajustados entre eles e seus contratantes – que podiam ser os pais ou os tutores –, não é clara a relação entre esses montantes e o que eles representavam para o sustento de cada um dos professores encontrados. Isso porque, em primeiro lugar, os valores não eram fixos, podiam variar de professor para professor, e não temos notícia precisa de quantos alunos cada um deles tinha por ano. E porque havia frequentes dificuldades no recebimento dos pagamentos, o que aproxima esses professores particulares dos seus colegas régios. Se, para estes últimos, o problema estava no gerenciamento dos recursos por parte do Estado, para os primeiros, era nas relações pessoais que as questões deviam ser resolvidas. E, quando isso não acontecia, recorria-se à justiça. Por isso, o número expressivo de petições, requerimentos e justificações, apresentados principalmente aos juízes de órfãos, nos quais os professores reclamavam o pagamento dos valores a eles devidos pelo ensino dos meninos. Tratava-se tanto das dívidas que eram deixadas em aberto pelos pais e demoravam a ser pagas pelos tutores e curadores dos órfãos e de suas heranças quanto das dificuldades enfrentadas diante dos próprios tutores, quando eram eles os contratantes do ensino. Os requerimentos e as justificações feitas pelos professores são indícios importantes sobre os elementos que ordenavam o exercício do magistério particular – matéria do ensino e sua duração, tempo de convívio entre os professores e seus alunos, valores cobrados – e das relações estabelecidas entre esses indivíduos, conforme se observa nos dois documentos a seguir:

> Diz Pantalião de Souza que há um ano e dois meses está ensinando a ler José de Almeida Ramos, filho do falecido defunto Tenente Custodio José de Almeida e como até agora se lhe não tem pagado o salário do seu ensino.
>
> Consta-me que o suplicante está ensinando o órfão que ficou do falecido Custodio José de Almeida e que este tem algum adiantamento sem embargo de que eu não fui o ajustei, mas como sei que o ensino é utilidade do órfão não duvido pagar a quantia que se me pede pelos bens da herança determinando V. M. assim. O tutor Eulelio Manoel Teixeira, em 1792[33]
>
> Diz João Fernandes S. Tiago, residente nesta Vila com escola publica de ler e escrever e contar que o falecido Coronel Jeronimo da Silva Guimarães lhe ficou restando de ensino de seu sobrinho, dois enjeitados e um escravo a quantia de [dezenove oitavas e um quarto] 19/8as ¼ constante na conta junta.
>
> Conta do que me ficou devendo de ensino dos Discipulos, que me mandou ensinar o falecido Coronel Jeronimo da Silva Guimarães.
>
> De seu sobrinho Francisco José..2/8
> De um enjeitado Manuel da Silva Guimarães....................15/8
> De outro enjeitado Jeronimo José...1/8
> De um pardinho seu escravo..1/8
>   Soma..................19/8[34]

---

[33] CBG/CPO-T. *Contas de Tutoria*. 1799.

[34] CBG/CPO-JUS (12) 469. *Justificação de João Fernandes Santiago*. 1787.

João Fernandes Santiago cobrava um valor fixo de todos os seus alunos, que era de ½ oitava de ouro por mês,[35] por aluno. Em suas cobranças, ele era preciso nas contas, apresentava em suas petições o tempo em que os meninos tinham ficado em sua escola, demarcava até mesmo o encerramento do período necessário ao cumprimento dos objetivos do aprendizado da leitura e da escrita, conforme pode ser visto no recibo passado por ele para a viúva do Capitão José Ribeiro de Carvalho, reproduzido a seguir, com sua própria letra e assinatura:

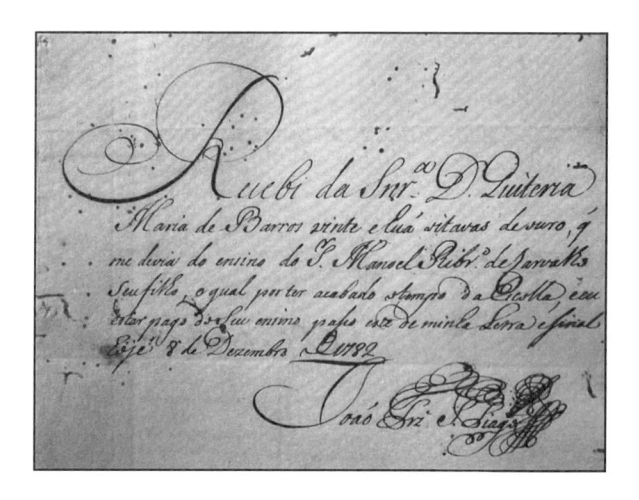

Figura 2 – CBG/CSO-I (31) 257. Inventário de José Ribeiro de Carvalho

Os valores cobrados pelos professores variavam conforme a cadeira e, seguindo a mesma estrutura do ensino régio, os que ensinavam as primeiras letras ganhavam menos do que os professores de gramática latina. Para os primeiros, os valores variavam de 300 a 700 réis por mês por aluno, enquanto para os segundos, podiam chegar a 1800 réis por mês, como ocorria com o professor José Félix de Aguiar, que também ensinou a um dos filhos do Capitão José Ribeiro de Carvalho e de D. Quitéria Maria de Barros. O ensino de gramática a José lhe rendeu, entre 1770 e 1775, a quantia de 21.600 réis por ano. Para igualar o salário de um professor régio de gramática latina, que era de 400.000 réis, ele deveria ter, pelo menos, 18 alunos frequentes durante o ano.

---

[35] Cerca de 700 réis.

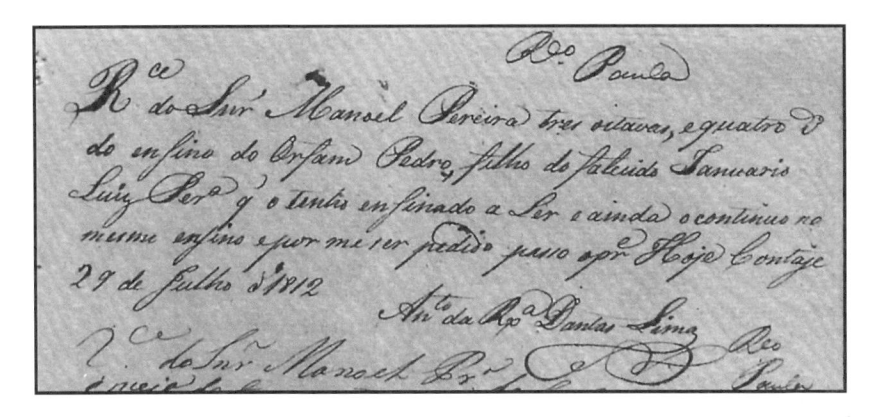

Figura 3 – Recibo passado pelo professor Antonio da Rocha Dantas Lima ao tutor dos órfãos de Januário Luiz Pereira, falecido em 1809. CBG/CSO-I (87) 736. Inventário dos bens que ficaram de Januário Luiz Pereira.

A existência, enfim, de muitos desses professores particulares pode ser devida, como já comentei, à ausência de aulas régias em determinadas localidades ou à ausência de professores ativos, mesmo nos lugares onde as cadeiras existiam, ou ainda podem integrar aquela categoria de pessoas que aproveitavam suas habilidades "letradas" para obter rendas adicionais, ensinando ocasionalmente a meninos, mas sem fazer disso necessariamente sua profissão.

Na dimensão das práticas educativas não escolares, destaca-se o ensino de ofícios mecânicos, observando-se uma intensa atividade no ensino das habilidades consideradas próprias para as mulheres. O aprendizado da costura, do bordado e da tecelagem, vinha acompanhado da educação moral, estabelecendo-se clara relação entre a prática honesta desses ofícios e a boa conduta desejada para as mulheres. O aprendizado desses ofícios manuais poderia ocorrer tanto no ambiente doméstico, em que as próprias relações familiares favoreciam o ensino e a aprendizagem desses saberes, quanto com a mediação das mestras de costura. Quando esse aprendizado acontecia sem a mediação de uma mestra paga, no âmbito da própria família, as mulheres adultas, que já conheciam o ofício, o ensinavam às mais novas. Nesse caso, aquela que exerceria o papel de mestra poderia ser a mãe, a avó, as tias ou a esposa do tutor das órfãs. As relações estabelecidas no aprendizado poderiam envolver, assim, diversos sujeitos num círculo mais amplo.

Ainda que estivessem fora dos padrões estabelecidos pela Igreja, uma coisa é comum na maioria das famílias encontradas: o cuidado com a criação e a educação moral dos órfãos e das órfãs. Há uma nítida preocupação por parte dos tutores em informar aos Juízes de Órfãos que seus tutelados eram criados e alimentados com "todo amor e caridade", e no caso das meninas sempre era ressaltado o fato de viverem com "toda honra e honestidade". Claro que essa preocupação devia-se também às exigências legais e, muitas vezes, envolvia interesses materiais; logo, não é possível ler ingenuamente esses relatos. De toda forma, ficava evidenciada a preocupação, como consta na prestação de contas dos órfãos de André Ferreira Saramago, casado com Marianna Coelho de Avelar. Quando prestou contas ao Juiz de suas tutelas, o tutor e avô das meninas informou que

> [...] a dita órfã [Mariana] se achava em companhia da viúva sua mãe e filha dele tutor, Marianna Coelho de Avelar, e que a tratava como sua própria filha alimentando e dando o necessário e dando-lhe todo o ensino preciso a sua idade como é devido como também vestindo-a à sua própria custa. [Ao ser perguntado pela órfã Ana, ele disse que ela] se achava também em poder de sua mãe, tratada como sua própria filha e como tal educada, e que alimentava e até o presente a vestia a sua própria custa e que lhe dava a educação e ensino que pedia com amor de mãe e que algumas vezes estava na companhia dele tutor e de sua avó e tias que era casa recolhida honesta e de honra".[36]

No caso da aprendizagem com mestras de costura, as órfãs eram retiradas do convívio familiar e entregues a uma mestra para se aperfeiçoar no exercício do ofício. Manoel Afonso Gonçalves, tutor das netas de Luiza Rodrigues da Cruz, moradora da Vila de Sabará, declarou no Auto de Contas que mandou as órfãs Maria, de 14 anos, Eufrásia, de 13 anos e Josefa, de 11, para mestras de costura, esclarecendo os gastos que tivera:

---

[36] CBG/CSO – I (17) 158, 1756. *Inventário de André Ferreira Saramago*.

> [...] Órfã Maria: Despesa com mestras para ensinarem a coser, tecer, rendas, crivos, bordar e fazer meias (20 mil réis). Despesas com tesouras, dedais, agulhas, alfinetes, bilros e almofadas (7 mil réis).
>
> [...] Órfã Eufrásia (casada): Despesas com mestras para aprender a coser, tecer, bordar, crivar, rendar e fazer meias (20 mil réis). Despesas com tesoura, dedais, agulhas, alfinetes, bilros, almofadas (7 mil réis).
>
> [...] Órfã Josefa: Despesa com mestras para ensinarem a coser, tecer, rendar, crivar, bordar e fazer meias (20 mil réis). Despesa com dedais, agulhas, tesoura, alfinetes, bilros e almofadas (7 mil réis).[37]

A aprendizagem com uma mestra de costura exigia ocasionalmente o deslocamento geográfico entre localidades vizinhas, como aconteceu com a órfã Bibiana. Seu pai, Manoel de Oliveira, era homem solteiro, natural do Arraial de Pompéu e morador na Vila de Sabará e, pela descrição de seus bens no inventário, era oficial ferreiro. Após a morte de Manoel, Damazo Francisco de Oliveira, assumiu a tutoria das duas órfãs, as meninas pardas Bibiana e Maria. Na prestação de contas feita ao Juiz, declarou que elas "se achavam em companhia dele tutor onde as fez aplicar aos exercícios próprios de seu sexo que era fiar algodão, costurar, tecer". No entanto "vendo-se muito pressionado com as ditas tutelas, que as estava sustentando e vestindo a sua custa, tendo ele tutor uma numerosa família de nove filhos e sem renda suficiente para a despesa diária por possuir somente dois escravos", não teve dúvidas em ceder as rogativas que lhe fazia Feliciana Maria do Carmo, mãe das ditas órfãs, que as pedia para a sua companhia e as levou. A mãe das meninas entregou a órfã Bibiana a Maria Martins, moradora em Santa Luzia, "para aperfeiçoar no exercício de tecer, em cuja casa se conserva com todo recato e honestidade", enquanto a órfã Maria permaneceu em sua companhia, "e também se conserva com toda a honestidade".[38]

Dessa forma podemos notar a inserção das mulheres em práticas educativas, que além de acontecerem no espaço doméstico, poderiam

---

[37] CBG/CSO – I (49) 372, 1779 *Inventário de Luiza Rodrigues da Cruz*. Folhas 78-89.

[38] CBG/CSO – I (73) 567, 1796. *Inventário de Manuel de Oliveira*. Folha 21V.

ocorrer fora do âmbito da família. A necessidade de se pagar uma mestra para ensinar às mulheres os ofícios manuais servia até mesmo para legitimar a entrega das heranças que haviam ficado depositadas no cofre dos órfãos, àqueles que eram responsáveis pela sua criação. A viúva de Ignácio Pereira da Silva, Luiza Maria da Conceição, relatou ao juiz que

> [...] por falecimento do dito seu marido lhe ficaram três filhos menores de quem é tutor Antônio de Morais, os quais tem ela a suplicante em sua companhia, tratando e educando como seus filhos e por que duas filhas as tem a suplicante na mestra a aprenderem costura por cujo ensino [ilegível] sustento e vestir carece a suplicante do rendimento de suas legítimas e por que estas as têm a suplicante em seu poder quer importar 748.578 reis a que tem dado fiança neste juízo cujo rendimento quer a suplicante se lhe confie à sua mão para sustento, vestuário e ensino dos ditos órfãos.[39]

Nos dois casos a aprendizagem era mediada por um tutor nomeado pelo Juiz de Órfãos para administrar os bens e cuidar da sua educação. Não era raro que os tutores exercessem a tutela em benefício próprio, apropriando-se indevidamente das heranças. No entanto, muitos foram os tutores que exerceram adequadamente a tarefa. Se muitos não cuidaram das legítimas e dos órfãos como era determinado pelas leis do Reino, boa parte deles se preocupou com a instrução dos seus tutelados, cumprindo, assim, sua obrigação. Em relação ao número de órfãs identificadas nos inventários analisados, apenas uma pequena parcela foi encaminhada para instituições religiosas, onde poderiam receber alguma instrução. A maioria foi levada para o aprendizado de ofícios manuais, considerados "próprios para o seu sexo": a costura, o bordado e a tecelagem.

No final do século XVIII, Manoel da Silva Cardozo, tutor dos órfãos de Lopo José Soares de Albergaria, fez uma petição dizendo que

> [...] são passados cinco anos em que ele suplicante assinou a dita tutoria da qual nunca deu contas porque até o presente reside na

---

[39] CBG/CSO – I (11) 20, 1748. *Inventário de Ignácio Pereira da Silva*. Folha 66.

> Comarca de Vila Rica e porque agora se passou para esta Comarca quer nela formar sua conta, não obstante serem os bens das legitimas poucos e quase sem valor, e quer justificar o descuido que houve de facilitar documento para o casamento da órfã Antonia dignando-se vossa mercê aprová-lo e de novo consentir que se casem Thomazia e Anna.[40]

O inventariado era casado com Thomázia Maria de Paiva, em cuja companhia ficaram os filhos Antônia Maria Bonifácia de 18 anos, Thomázia Maria de 15 anos, Ana Rita Soares de 13 anos, Francisca Theodosia de Paiva de 9 anos, Lopo José Soares de 17 anos, José Soares de 7 anos, João Soares de 5 anos e Manoel que tinha apenas 20 dias. O tutor, após retornar para a Vila de Sabará, em 1800, fez seu *Auto de Contas*, informando ao Juiz de Órfãos que

> [...] a herdeira Antonia Maria Bonifácia se acha casada com Caetano Gomes da Mota com licença deste juízo com o qual estabelecendo e fazendo residência conjugal morando na Freguesia, digo, morando no termo de Queluz, Comarca do Rio das Mortes. [...] a herdeira Thomázia Maria de Paiva se acha com saúde, vivendo em companhia da viúva sua mãe, dona Thomázia Maria de Paiva que a tem criado e educado com toda a honra e honestidade, ocupando-se nos exercícios próprios do seu sexo e sua qualidade. [...] a herdeira Anna se acha de saúde vivendo em companhia da dita viúva sua mãe que a está criando com toda boa educação e recato e se ocupa em costurar e fiar. [...] a herdeira Francisca Theodosia se acha de saúde, vivendo em companhia da viúva sua mãe que a está criando com toda honestidade e recato. [...] o órfão Lopo José se acha de saúde, vivendo em companhia de sua mãe e se ocupa em andar com os escravos trabalhando para a sustentação da mesma casa. [...] o órfão Antônio se acha de saúde, em companhia da viúva sua mãe e se acha em casa por ter saído da escola onde aprendeu a ler e escrever. [...] o órfão José se acha de saúde e em companhia da viúva sua mãe e ele tutor está aprontando para o por na escola. [...] o órfão Manuel se acha de saúde, em companhia da viúva sua mãe, que pela tenra idade ainda não pode ir para a escola.[41]

---

[40] CBG/CSO- I (70), 539, 1795. *Inventário de Lopo José Soares de Albergaria*, f. 42.

[41] CBG/CSO- I (70) 539, 1795. *Inventário de Lopo José Soares de Albergaria*. f. 42V-43.

Para garantir a instrução e os cuidados necessários às órfãs, alguns tutores as mantinham em sua companhia e, em certos casos, chegavam até mesmo a custear essa criação com os próprios recursos. No *Auto de Contas*, o tutor José Ferreira Torres, em 1791, declara que as herdeiras "Escolástica e Josefa se acham em companhia do suplicante, ou na de quem o suplicante as conserva para melhor recato, ele assiste com o preciso conforme pode sem destruição de suas legítimas". Já a órfã Joana Margarida se achava em poder de seu pai, o tenente João Lourenço. Em 1792 o tutor declarou que as órfãs Escolástica e Josefa estavam na companhia de uma mulher que as estava educando e ele as assistia com "o necessário sustento, vestuário e calçado". No ano de 1799, o tutor foi notificado novamente a dar contas da herança e do estado de seus tutelados, declarando que Josefa se achava em companhia de sua irmã Escolástica, que estava casada e vivendo honestamente. Já a órfã Joana Margarida, que, no momento da abertura do inventário, morava com o pai, fugiu da companhia da mulher onde o tutor a tinha com as outras herdeiras, para a casa do cirurgião-mor Manoel da Costa Bacellar e se achava fora de sua companhia "por se ter desonestado". Após o falecimento desse tutor, o Juiz de órfãos nomeou a Elias Alves de Carvalho para ocupar seu lugar na tutela dos órfãos. Em 1804, ele presta contas ao juiz, dizendo que sua tutelada, Josefa Francisca de Salles se achava perto de 25 anos, "com boa saúde, vivendo em companhia de sua irmã, ocupando-se no exercício de fiar, coser e tecer, para si e vive com muita honestidade".[42]

Nesse caso percebemos duas atitudes diferentes do tutor com relação às suas tuteladas. Uma se refere ao cumprimento da lei, quando ele manda ensinar um ofício às meninas. A mulher encarregada desse ensino teria também que mantê-las em um ambiente de recato e honestidade, o que favoreceria não apenas o aprendizado do ofício como também a

---

[42] CBG/CSO – I (64) 476, 1788. *Inventário de Catarina Teixeira da Conceição*. A inventariada era uma mulher parda e solteira. Seus herdeiros eram: Antônio Crisóstomo, 34 anos; Francisco, falecido; Ignácio, 25 anos (casado); João, 22 anos; Catherina, 19 anos (casada); Joaquim, 16 anos; Escolástica, 14 anos; Josefa; 10 anos; Joana, 11 anos (filha da falecida Custódia, neta da inventariada). O órfão Joaquim vivia em companhia de sua irmã Catherina, aprendendo o ofício de sapateiro.

preparação para o casamento. Outra atitude é com relação ao cuidado com a manutenção da honra das órfãs, o que fazia com que os tutores se preocupassem não apenas com a criação e o ensino de um ofício mas também com a instrução voltada para a religião. Essa necessidade gerava estratégias específicas quando, por exemplo, os tutores requisitavam os rendimentos das órfãs para manter vestuários adequados que as permitissem participar de rituais e cerimônias religiosas.

As declarações dos Juízes de Órfãos deixavam clara sua aprovação para esse tipo de aprendizagem e ocupação, e não havia registros de exigências de uma educação letrada para as meninas. No inventário de Luzia Maria da Conceição, moradora do Curral Del Rei, o filho mais velho, João Pereira da Fonseca foi nomeado como tutor de seus irmãos José, de 22 anos, Antônio, de 14 anos e Izabel, de 12 anos de idade, que como ele, eram frutos do segundo matrimônio de sua mãe. Durante o processo de inventário o tutor declarou o gasto de uma quantia de três oitavas de ouro para o pagamento de mestre João Fernandes de Santiago, pelo ensino do órfão Antônio.[43] Já para a irmã ele não deixou claro o que foi gasto com sua educação, mas a conclusão do Juiz de Órfãos não deixa dúvidas quanto ao que caberia a ela. Ele afirmou que não havia dúvida alguma na prestação de contas feita pelo tutor e que ele não deveria "descuidar da educação que deve dar ao órfão e órfã, àquele mandando aprender um ofício em que para o futuro perceba utilidade e aquela, a costura, como é preciso a uma moça".[44] Essa era uma posição adequada ao pensamento predominante naquela sociedade, de que o emprego em atividades úteis era parte da formação, da educação e da civilização dos povos, especialmente das classes mais baixas.

---

[43] CBG/CSO – I (35), 271, 1777. *Inventário de Luzia Maria da Conceição*. Folha 102: "Diz João Fernandes de Santiago, mestre de meninos, que lhe é devedor João Pereira da Fonseca, a quantia de três oitavas de ouro, procedidas do ensino de um menino Antônio Pereira, irmão do dito, que por ordem sua ensinou o mesmo. O dito é tutor de seu irmão por falecimento de ser pai e mãe, José Pereira da Fonseca e Luiza Maria da Conceição. Quer ser pago pelos bens do dito órfão e não pode fazer sem despacho de Vossa Mercê". Folha 102V: Recibo passado pelo professor afirmando ter recebido a quantia solicitada.

[44] CBG/CSO – I (35), 271, 1777. *Inventário de Luzia Maria da Conceição*.

A educação moral encontrava outro espaço para se desenvolver, e estava presente no âmbito das associações religiosas leigas, particularmente fortes e atuantes na Capitania de Minas Gerais, onde, como já foi mencionado, o clero regular não pode se instalar. Elas eram instrumentos importantes no controle da população colonial, difundindo preceitos e práticas em conformidade com as leis da Igreja e do Estado.

Para controle e conformidade da sociedade mineira colonial, era necessário que a Coroa dispusesse de outras estratégias além das já institucionalizadas. Para isso, o uso da força nem sempre era a primeira opção; as autoridades comungavam na ideia da conformação de maneira que se sentissem parte da civilização portuguesa, a estratégia de ordenar a desordem a partir dos princípios da civilidade. Como estavam ligadas à formação e à estruturação da sociedade, as associações religiosas leigas foram um dos instrumentos utilizados pela Coroa para o controle social. Essas agremiações masculinas, femininas ou mistas congregavam fiéis em torno de uma mesma devoção, sem necessariamente se desligar da vida mundana ou fazerem votos de castidade ou clausura. Na América Portuguesa eram classificadas de acordo com critérios étnicos, sociais e/ou profissionais, porém a inserção em uma ou mais irmandades era permitida, salvo no caso das Ordens Terceiras, onde era necessário, ao menos teoricamente, optar entre a de São Francisco de Assis e a de Nossa Senhora do Carmo. As associações eram agremiações de auxílio mútuo, em que todos assumiam responsabilidades em relação aos integrantes.

Para uma convivência apropriada, as associações elaboravam um Estatuto ou Livro de Compromisso onde se estabeleciam os deveres e direitos dos irmãos, a ser confirmado pela Coroa Portuguesa e escrito de acordo com a normatização eclesiástica presente nas Constituições Primeiras do Arcebispado da Bahia. Os capítulos dos Livros de Compromisso versavam sobre a escolha de dirigentes da mesa, as festividades, as atribuições de cargos, a associação de irmãos, entre outros assuntos, educando os seus membros de acordo com os preceitos pretendidos. Disseminadores de educação moral e religiosa, eram instrumentos mantenedores da ordem e dos bons costumes, proporcionando práticas de caráter educativo, mas não necessariamente de caráter escolar. O discurso presente nos Livros de Compromisso agia de forma a atender tanto as associações quanto a Coroa, pois permitiriam exercer o controle e instilar a civilidade nos habitantes das Minas, constituindo-se como manuais de conduta, tanto para os irmãos quanto para a sociedade em geral. Formava-se ao mesmo tempo o bom cristão e o bom súdito, que eram os elementos necessários à civilidade, tal como entendida na época (Silveira, 1997, p. 51). É possível identificar nas determinações sobre os dirigentes das associações, alguns indicativos de como deveria ser o seu caráter, por exemplo, para evitar desvio de dinheiro e subornos, em eleições:

> [...] votos serão dados em segredo debaixo do dito juramento, de sorte, que se não perceba o voto que cada um dos Irmãos der, nem estes devem comunicar, ou declarar uns e outros em qual pretende votar por se evitarem os subornos de parcialidades que há em semelhantes ocasiões [...] introduzindo-se nas eleições Irmãos incapazes [...], nascendo destes desordens [...] que nossa tenção e desvelo é por este meio evitar, e atalhar semelhantes orgulhos, e maquinações, que inventa a perversidade de alguns Irmãos, por ódios, e vinganças, que nada conduzem para o serviço de Deus, e bem da Irmandade.[45]

Alguns dos sete pecados capitais aparecem nos textos desses Livros de Compromisso, como o orgulho, a ira e a inveja, sentimentos pelos quais os irmãos não deveriam se deixar dominar. Mas, se isso ocorresse, era dever dos irmãos de Mesa fazer com que seus efeitos fossem minimizados e se tornassem as virtudes opostas: humildade, paciência e caridade, respectivamente. Uma vez combatidos esses sentimentos dentro da associação, o Irmão admoestado levaria esse preceito para suas demais relações, disseminando as formas de convivência ideais, caracterizando, assim, as funções pedagógicas das irmandades.

Em todos os livros, nas determinações acerca dos papéis a ser desempenhados pelos irmãos, chama a atenção a função desempenhada pelo Procurador, que deveria cuidar, entre tantas outras funções, de admoestar aquele cuja vida não estivesse de acordo com os preceitos pregados pela associação:

---

[45] Livro de Compromisso da Irmandade de Nossa Senhora da Boa Morte dos Homens Pardos de São João del-Rei. 20 de maio de 1786. Capítulo 3º.

> O Procurador terá cuidado de saber se há entre irmãos e irmãs desta Santa Irmandade alguma inimizade e dará parte ao Juiz para os repreenderem e se forem continuar o poderão expulsar da Irmandade e terá cuidado saber se entre os Irmãos há alguns que usem ervas e feitiçarias, e havendo esses tais serão expulsos da Irmandade sem remissão; terá também cuidado de saber dos irmãos e irmãs do seu modo de viver e o dinheiro com que se assentarão por irmãos de que modo foi angariado porque dever [sic] ser dado de bom grado por seus senhores ou angariado de seu trabalho como Deus manda.[46]

Para participar de uma associação, os indivíduos deveriam ser livres de vícios e maus costumes, hábitos considerados desviantes pela Igreja, fossem eles escandalosos ou não. Como poderiam levar à vadiagem, prática que levava à configuração do mau súdito, sua abstinência fazia-se necessária para o bom andamento e crescimento da irmandade e, por decorrência, de toda a sociedade.[47] Os interessados em entrar para uma associação deveriam apresentar-se a ela, e aqueles irmãos que o conheciam deveriam prestar contas sobre eles e suas vidas. Seria aceito aquele indivíduo que se enquadrasse nas determinações presentes nos Livros de Compromissos:

> Nesta Irmandade se não aceitará pessoa alguma de um e outro sexo, que não seja conhecidamente temente a Deus, e às Justiças de Sua Majestade, de bons costumes, capacidade, e boa conduta, no que a Mesa deve ter uma grande vigilância, para que não suceda admitir-se, e aceitar-se pessoas de péssimos costumes, como são Enredadores, mal dizentes, orgulhosos, semeadores de cizanias, e discórdias, dados a furtar, e bebidas com que perdem o juízo, e outros vícios que os fazem incapazes da comunicação dos bons; cujos indivíduos se devem separar destes para que se não pervertam,

---

[46] Compromisso da Irmandade de Nossa Senhora do Rosário na Freguesia da Conceição da Vila do Príncipe do Serro Frio do ano de 1728. Capítulo 6.

[47] Segundo Laura de Mello e Souza, contra os vadios foram lançadas em toda a Capitania onze instruções que determinavam o procedimento com relação a vadios detidos, para identificação do que ela chama de "vadios verdadeiros" dos "homens 'bem morigerados, que vivem com sossego' e que 'por caso acidental delinquiram'". Ver: SOUZA, L. M. (1999, 2004).

e por isso recomendamos muito aos nossos Irmãos que ocuparem os lugares desta Irmandade assim o observem com exemplar inteireza para maior honra, e serviço de Deus, e de Sua Santíssima Mãe com o titulo da Boa morte. E caso aconteça / o que Deus não permita / haver Irmão com algum dos referidos vícios, ou defeitos, a Mesa que servir o lançará logo fora da Irmandade fazendo disso termo, e mandando pôr cola no de sua entrada, em que se declare ser expulso, e riscado da Irmandade por aquele defeito, ou vicio, fechando-se, ou Cancelando-se depois o dito termo da entrada para que mais não seja tido, nem haja memória do dito Irmão.[48]

O discurso manifesto nos Livros de Compromisso daria forma ao bom súdito pretendido pela Coroa portuguesa, um homem virtuoso, temente e obediente, conformado aos padrões de civilidade esperados. Isso permitiu que, ultrapassando o espaço religioso, o homem setecentista fosse educado com as práticas de civilidade tão disseminadas àquela época, sendo a virtude seu elemento característico e fundamento para o funcionamento da sociedade do Antigo Regime. Até um certo momento, as associações religiosas leigas nas Minas Gerais assumiram o papel de educadoras, dada a inexistência de instituições escolares, transmitindo aos habitantes o padrão de comportamento idealizado. Era o espaço onde o discurso propagado reproduzia essas ações ou intenções educativas, através de atos bons e corretos, exemplos a serem seguidos por todos para o trato das gentes. Mais tarde, à medida em que a educação de natureza escolar se tornava mais presente, aumentava o raio de ação de instituições voltadas para a educação moral, civil e religiosa, da população.

Percebe-se a confluência desse discurso e dessas intenções, presentes na organização das associações religiosas leigas, e o pensamento geral no mundo luso-brasileiro acerca das estratégias de civilização e educação dos povos. Esse pensamento e esse discurso apresentaram-se no cotidiano das práticas em torno do ensino, após as reformas pombalinas, orientando as ações de professores e estudantes, e interferindo

---

[48] Livro de Compromisso da Irmandade de Nossa Senhora da Boa Morte da Vila de Paracatu do Príncipe. Sem data. Arquivo Casa Borba Gato.

efetivamente em sua vida cotidiana e em suas relações com seus contemporâneos, conforme temos analisado neste livro.

✱✱✱

O desafio de mergulhar nessa época ainda relativamente nebulosa para a historiografia da educação brasileira tem ajudado na percepção de múltiplas possibilidades de investigação, da construção de objetos de pesquisa que, nutrindo-se de frentes já abertas em outros campos, mostra-se importante para o conhecimento sobre as práticas educativas entendidas como práticas sociais e culturais, e não exclusivamente no âmbito da educação escolar. Além das dificuldades impostas pelas características da documentação,[49] é preciso considerar que muitas das referências consolidadas na historiografia acabam por ser repensadas quando se trata do estudo do período colonial em geral, mesmo em relação à educação escolar. Escola, aula, aluno, escolarização, cultura escolar, práticas escolares são algumas referências conceituais que adquirem sentidos diversos em relação ao período posterior à construção do Estado nacional. Em outros casos, é premente a necessidade de uma construção conceitual mais específica, sobretudo quando se trata da educação não escolar, institucionalizada ou não, ainda menos explorada. A busca da ultrapassagem de alguns limites, e da exploração de algumas fronteiras, moveu a escrita deste livro. Não é por acaso que ele está bastante povoado, de pessoas e de situações nas quais elas estiveram envolvidas, enredando-se por meio das diferentes relações construídas, tendo as concepções e as práticas educativas como elementos de ligação e de mediação. Parte importante do cotidiano da população colonial,

---

[49] O estado de conservação, não raro precário, às vezes com perda parcial ou total da informação; a inexistência de classificações arquivísticas que remetam diretamente ao interesse de estudo, situação derivada das estruturas político-administrativa e jurídica da época, que orientaram a produção dos documentos, e também derivada das formas de organização e armazenamento dos mesmos em tempos posteriores, nem sempre obedecendo a regras fixas; à fragmentação da informação, principalmente quando se trata de documentos de caráter privado e judicial; a existência de cópias dos mesmos documentos em arquivos diferentes; a concentração de determinados tipos de documentos, relativos ao Brasil, em arquivos portugueses.

enfim. Elemento não menos importante das políticas de Estado, em todas as suas dimensões, escolares ou não. Atividade também importante na sustentação material de muitas vidas.

Com o caminho aberto, a intenção é embrenhar-me mais profundamente na paisagem em que se moviam pessoas que construíram suas vidas deixando nelas algum espaço para a educação e para a instrução, de qualquer natureza, e a tinham como um dos elementos de mediação cultural e social. Outros indivíduos e outras dimensões da educação na América portuguesa habitam meus arquivos e estão ávidos para ser apresentados.

—Anexo—

Tabela de correspondência das localidades:

Número	Localidade	Nome Atual
1	Paracatu	
2	Tejuco	Diamantina
3	Vila do Príncipe	Serro
4	Conceição do Mato Dentro	
5	Gouvêa	
6	São Gonçalo do Rio Preto	
7	Itacambira	
8	Água Suja	Berilo
9	Minas Novas	
10	Rio Vermelho	
11	Suaçuí	Peçanha
12	Santa Luzia	
13	Sabará	
14	Lagoa Santa	
15	Senhor Bom Jesus de Matozinhos	Matozinhos
16	Itabira do Mato Dentro	Itabira
17	Itambé do Mato Dentro	Itambé
18	Vila Nova da Rainha	Caeté
19	Santa Quitéria	Esmeraldas
20	Pitangui	
21	Mateus Leme	
22	Curral Del Rei	Belo Horizonte
23	Patafufio	Pará de Minas
24	Taquaraçu	Taquaraçu de Minas
25	Cocais	Barão de Cocais
26	Santa Bárbara	
27	São Miguel de Piracicaba	Rio Piracicaba

Número	Localidade	Nome Atual
28	São Domingos	São Domingos do Prata
29	Catas Altas	
30	Vila Rica	Ouro Preto
31	Mariana	
32	Congonhas do Campo	Congonhas
33	Arraial do Pinheiro	Pinheiros Altos
34	Barra do Bacalhau	Guaraciaba
35	Guarapiranga	Piranga
36	São José da Barra Longa	Barra Longa
37	São João Batista do Presídio / Presídio de São João Batista	Visconde do Rio Branco
38	Pomba	Rio Pomba
39	São João Del Rei	
40	São José Del Rei	Tiradentes
41	Barbacena	
42	São Bento do Tamanduá	Itapecerica
43	Itaverava	
44	Queluz	Conselheiro Lafaiete
45	Santana das Lavras do Funil	Lavras
46	Ouro Fino	
47	Campanha da Princesa	Campanha
48	Baependi	
49	Aiuruoca	
50	Formiga	
51	São Carlos do Jacuí	Jacuí
52	Campo Belo	
53	Passa Tempo	
54	Inficionado	Santa Rita Durão
55	Itabira do Campo	Itabirito
56	Nossa Senhora das Dores	Dores do Indaiá
57	São Gonçalo	São Gonçalo do Sapucaí

OBS: Onde não há correspondência na última coluna significa que não houve mudança no nome da localidade.

— Abreviaturas —

ACP - Arquivo Casa do Pilar/IPHAN - Ouro Preto
AEAM - Arquivo Eclesiástico da Arquidiocese de Mariana
ANTT - Arquivos Nacionais da Torre do Tombo
APM - Arquivo Público Mineiro
BGUC - Biblioteca Geral da Universidade de Coimbra
BNL - Biblioteca Nacional de Lisboa
BNRJ - Biblioteca Nacional do Rio de Janeiro
CBG - Casa Borba Gato/IPHAN - Sabará
MRSJDR - Museu Regional de São João del Rei

Sumário de tabelas, gráficos e mapas

Mapa dos professores e mestres das escolas menores e das terras em que se acham estabelecidas as suas aulas e escolas neste Reino e seus Domínios (Anexo à Lei de 6 de novembro de 1772) 72

Professores Régios Minas Gerais (1772-1834) - Total por Comarcas 74

Professores Régios Minas Gerais (1772-1834) - Cadeiras por Comarcas 75

Professores Régios de Primeiras Letras e Gramática Latina – Comarca de Vila Rica 76

Professores Régios de Primeiras Letras e Gramática Latina – Comarca do Rio das Velhas 77

Professores Régios de Primeiras Letras e Gramática Latina – Comarca do Rio das Mortes 77

Professores Régios de Primeiras Letras e Gramática Latina – Comarca do Serro Frio 77

Mapa da Capitania de Minas Gerais com a divisão em quatro comarcas: Rio das Velhas-I; Serro Frio-II; Vila Rica-III; Rio das Mortes-IV 79

Criadores de expostos – Comarca do Rio das Velhas 114

Expostos criados por com rendas da Câmara – Vila de Sabará 115

Expostos criados por homens – Comarca do Rio das Velhas 115

Expostos criados por mulheres – Comarca do Rio das Velhas 115

Alunos do Seminário para meninos pobres do Vínculo do Jaguara 121

— Fontes de pesquisa —

Impressas

ALMEIDA, Cândido Mendes de (Org.). *Ordenações Filipinas,* Primeiro Livro. Título LXXXVIII. Rio de Janeiro, 1870.

CÓDIGO FILIPINO, ou Ordenações e Leis do Reino de Portugal: recopiladas por mandado d'el Rei D. Filipe I. Ed. fac-similar da 14ª ed., segundo a primeira, de 1603, e a nona, de Coimbra, de 1821 por Candido Mendes de Almeida. Primeiro Livro. Brasília: Senado Federal, Conselho Editorial, 2004.

COELHO, José João Teixeira. *Instrução para o governo da Capitania de Minas Gerais.* Introdução de Francisco Iglesias. Belo Horizonte: Fundação João Pinheiro, Centro de Estudos Históricos e Culturais, 1994. p. 254.

COMPROMISSO da Irmandade de Nossa Senhora do Rosário na Freguesia da Conceição da Vila do Príncipe do Serro Frio do ano de 1728.

CONDORCET, Jean-Antoine-Nicolas de Caritat, Marquis de. *Cinco memórias sobre a instrução pública.* São Paulo: Editora UNESP, 2008.

CONSTITUIÇÕES Primeiras do Arcebispado da Bahia, feitas e ordenadas pelo ilustrissimo e reverendissimo D. Sebastião Monteiro da Vide. Ed. fac-similar da 2. ed. de 1853. Brasilia: Senado Federal, Conselho Editorial, 2007. p. 2.

COUTO, José Vieira. *Memória sobre a Capitania de Minas Gerais*; *seu território, clima e produções metálicas.* Estudo crítico, transcrição e pesquisa histórica de Júnia Ferreira Furtado. Belo Horizonte: Fundação João Pinheiro, Centro de Estudos Históricos e Culturais, 1994. p. 62.

DADOS sobre a instrucção pública. 1814. *Revista do Arquivo Público Mineiro,* Belo Horizonte: Imprensa Oficial, v. III, p. 989-1017, 1902.

DIVERTIMENTO erudito para os curiosos de notícias históricas, escolásticas, políticas, e naturaes, sagradas e profanas; descoberta em todas as idades, e estados do mundo até o presente e extrahida de vários authores/Pela Infatigável Diligência do Pregador Geral Fr. João Pacheco. Lisboa: na Officina Augustiniana: na Officina de António de Sousa da Silva, 1734-1738.

GOVERNO de Minas Geraes – período colonial. *Revista do Arquivo Público Mineiro,* Belo Horizonte, v.1, fasc. 1, jan./mar. 1896.

GUSMÃO, Alexandre de. *Arte de crear bem os filhos na idade da puerícia.* Dedicada ao Minino de Belém Jesv Nazareno. Lisboa: Na Officina de Migvel Deslan..., 1685.

(Edição fac-simile organizada por Elomar Tambara e Gomercindo Ghiggi.) Pelotas, RS: Seiva Publicações, 2000.

INFORMAÇÕES sobre o Recolhimento do Arraial da Chapada, Termo de Minas Novas (1780). *Revista do Arquivo Público Mineiro,* Belo Horizonte: Imprensa Oficial, v. 2, 1897.

MATOS, Raimundo José da Cunha. *Corografia Histórica da Província de Minas Gerais (1837).* Belo Horizonte: Imprensa Oficial, 1979. (Série Publicações do Arquivo Público Mineiro.)

METHODO de ser feliz, ou catecismo moral, especialmente para uso da mocidade. Comprehendendo os deveres do homem, e do cidadão, de qualquer religião, e de qualquer nação que seja. Versão do Francez para o idioma vulgar. Por G.E.F. Coimbra: Na Real Impressão da Universidade, anno de 1787. Com licença da Real Mesa Censoria.

OFÍCIO do vice-rei Luiz de Vasconcelos e Souza, com a cópia da relação instrutiva e circunstanciada para ser entregue ao seu sucessor (1789). *Revista do Instituto Histórico e Geográfico Brasileiro,* Tomo IV, 1842.

ORDEM de 11 de Abril de 1738. Coleção sumária das primeiras leis, cartas régias, avisos e ordens que se acham nos livros da Secretaria do Governo desta Capitania de Minas Gerais, deduzidas por ordem a titulos separados. Título 7º - Religiões, clérigos e matérias eclesiásticas. *Revista do Arquivo Público Mineiro.* Belo Horizonte: Imprensa Oficial, v. 16, 1911a.

ORDEM de 16 de Abril de 1738. Coleção sumária das primeiras leis, cartas régias, avisos e ordens que se acham nos livros da Secretaria do Governo desta Capitania de Minas Gerais, deduzidas por ordem a títulos separados. Título 7º - Religiões, clérigos e matérias eclesiásticas. *Revista do Arquivo Público Mineiro.* Belo Horizonte: Imprensa Oficial, v. 16, 1911b. p. 399.

PROENÇA, Martinho de Mendonça de Pina e. *Apontamentos para a educação de hum menino nobre.* Lisboa Occidental: Na Officina de Joseph Antonio da Sylva, 1734.

RELATÓRIO do Marquês do Lavradio, Vice-Rei do Rio de Janeiro, de 17 de junho de 1779. *Revista do Instituto Histórico e Geográfico Brasileiro.* Tomo IV, 1842. p. 450-451.

Revista do Arquivo Público Mineiro. Ano XXX, 1979.

Revista do Arquivo Público Mineiro. Ano XXXI, 1980.

Revista do Arquivo Público Mineiro. Belo Horizonte: Imprensa Oficial, v. III, 1902.

Revista do Arquivo Público Mineiro. Belo Horizonte: Imprensa Oficial, v. 16, 1911.

Revista do Arquivo Público Mineiro. Belo Horizonte: Imprensa Oficial, v. 2, 1897.

Revista do Arquivo Público Mineiro. v. 15, 1910.

Revista do Instituto Histórico e Geográfico Brasileiro. Tomo IV, 1842.

ROUSSEAU, Jean-Jacques. *Emílio ou Da Educação.* São Paulo: Martins Fontes, 2004.

SANCHES, Antonio Nunes Ribeiro. *Cartas sobre a educação da mocidade*. Nova ed. rev. / Maximiano de Lemos. Coimbra : Imp. da Universidade, 1922

SOBRE A CONTA que deram os oficiais da Câmara da Vila de Pitangui a Sua Majestade, em que expõem estarem contribuindo com o tributo determinado para o subsídio literário, sem se lhes haver nomeado Mestre de que precisam para a instrução da mocidade, e pedem se lhes concedam assim, como se tem praticado com as mais Vilas daquela Capitania. *Revista do Arquivo Público Mineiro*. v. 15, 1910.

SOBRE A REPRESENTAÇÃO que fazem a sua Majestade os oficiais da Câmara da Vila do Príncipe, para que o mesmo Senhor mande erigir Aula da Gramática naquela Vila e sua comarca. *Revista do Arquivo Público Mineiro*, v. 15, 1910.

SOBRE CASAREM os homens destas Minas e Mestres nas vilas para ensinarem os rapazes. Carta de D. Lourenço de Almeida ao Rei D. João V, de 28 de setembro de 1721. Registro de Alvarás, cartas e ordens régias e cartas do Governador ao Rei, 1721-1731. *Revista do Arquivo Público Mineiro*, ano XXXI, 1980.

SOBRE FAZER casar os moradores das minas e outras partes. Ordem régia de D. João V, de 22 de março de 1721. Registro de Alvarás, cartas e ordens régias e cartas do Governador ao Rei, 1721-1731. *Revista do Arquivo Público Mineiro*, ano XXX, 1979.

SOBRE NÃO ENTRAREM nos lugares da Câmara pessoas com raça de mulatos. Ordem régia de D. João V, de 27 de janeiro de 1726. Registro de Alvarás, cartas e ordens régias e cartas do Governador ao Rei, 1721-1731. *Revista do Arquivo Público Mineiro*, ano XXX, 1979.

SOBRE OS RELIGIOSOS de Jerusalém pagarem ou não quinto do ouro das suas esmolas, que tiram para os santos lugares. Carta de Dom Lourenço de Almeida ao Rei. Transcrição da 2ª parte do códice 23 da seção colonial – registro de alvarás, cartas, ordens régias e cartas do governador ao rei (1721-1731). *Revista do Arquivo Público Mineiro*, Belo Horizonte: Imprensa Oficial, v. 31, 1980.

SOUZA, Manoel Dias de. *Nova escola de meninos, na qual se propõem hum methodo fácil para ensinar a ler, escrever, e contar, com huma breve direcção para a educação dos Meninos, ordenada para descanço dos Mestres, e utilidade dos Discípulos*. Coimbra: Na Real Officina da Universidade, 1784. Com licença da Real Mesa Censoria.

VASCONCELOS, Diogo Pereira Ribeiro de. *Breve descrição geográfica, física e política da Capitania de Minas Gerais*. Estudo crítico de Carla Maria Junho Anastasia. Belo Horizonte: Fundação João Pinheiro/Centro de Estudos Históricos e Culturais, 1994. p. 156-157.

VASCONCELOS, Joao Rosado de Villa-Lobos. *O perfeito pedagogo, na arte de educar a mocidade*. Em que se dão as regras da Policia, e Urbanidade Christã, conforme os usos, e costumes de Portugal. Lisboa: Na Typografia Rollandiana, 1782. Com licença da Real Mesa Censoria.

VERNEY. Carta Décima Sexta. *Verdadeiro método de estudar, para ser útil à República, e à Igreja: proporcionado ao estilo, e necesidade de Portugal*. Valensa, na Oficina de Antonio Balle, Ano MDCCXLVIa. Tomo Segundo.

VERNEY. Carta Primeira. *Verdadeiro método de estudar, para ser útil à República, e à Igreja: proporcionado ao estilo, e necesidade de Portugal.* Valensa, na Oficina de Antonio Balle, Ano MDCCXLVIb. Tomo Primeiro.

VERNEY. Carta Undécima . *Verdadeiro método de estudar, para ser útil à República e à Igreja: proporcionado ao estilo, e necesidade de Portugal.* Valensa, na Oficina de Antonio Balle, Ano MDCCXLVIc. Tomo Segundo.

VILHENA, Luiz dos Santos. *Recopilação de noticias soteropolitanas e brasílicas contidas em XX cartas.* Livro I, Anno de 1802. (Edição da Imprensa Oficial do Estado da Bahia, 1921.)

Eletrônicas

ALVARÁ de 4 de junho de 1787 com o Regimento de 23 de novembro de 1787 para a administração dos bens legados por António de Abreu Guimarães para Estabelecimentos de piedade na Comarca do Sabará. Disponível em: <http://www.iuslusitaniae.fcsh.unl.pt>. Acesso em: 30 abr. 2009.

ALVARÁ de Regulamento dos Estudos Menores. 28 de junho de 1759. Disponível em: <http://iuslusitaniae.fcsh.unl.pt/>. Acesso em: 30 abr. 2009.

CALAFATE, Pedro. António Nunes Ribeiro Sanches. Disponível em: <http://www.instituto-camoes.pt/cvc/filosofia/ilu10.html>. Acesso em: 28 abr. 2009a.

CALAFATE, Pedro. Luis António Vernei. Disponível em: <http://www.instituto-camoes.pt/cvc/filosofia/ilu5.html>. Acesso em: 28 abr. 2009b.

CALAFATE, Pedro. Martinho de Mendonça de Pina e Proença. Disponível em: <http://www.instituto-camoes.pt/cvc/filosofia/ilu2.html>. Acesso em: 28 abr. 2009c.

CARTA Régia de 6 de novembro de 1772. Disponível em <http://iuslusitaniae.fcsh.unl.pt/>. Acesso em 30 abr. 2009.

COMENIUS. *Didática magna.* Disponível em: <http://www.ebooksbrasil.org/eLibris/didaticamagna.html>. Acesso em: 19 jan. 2009.

DIDEROT; D'ALEMBERT. Civilité. In: *Encyclopédie ou dictionnaire raisonné des sciences, des arts et des métiers.* ARTFL Encyclopédie Project. Department of Romance Languages and Literatures. University of Chicago. Disponível em: <http://artfl.uchicago.edu/cgi-bin/philologic31/getobject.pl?c.34:115:0.encyclopedie1108.978443>. Acesso em: 25 fev. 2009a.

DIDEROT; D'ALEMBERT. Éducation. In: *Encyclopédie ou dictionnaire raisonné des sciences, des arts et des métiers.* ARTFL Encyclopédie Project. Department of Romance Languages and Literatures. University of Chicago. Disponível em: <http://artfl.uchicago.edu/cgi-bin/philologic31/getobject.pl?c.34:115:0.encyclopedie1108.978443>. Acesso em: 25 fev. 2009b.

EDITAL de 28 de julho de 1759. Do Director Geral dos Estudos acerca do provimento das cadeiras. Disponível em <http://iuslusitaniae.fcsh.unl.pt/>. Acesso em: 30 abr. 2009.

ENCYCLOPÉDIE ou dictionnaire raisonné des sciences, des arts et des métiers. ARTFL Encyclopédie Project. Department of Romance Languages and Literatures. University of Chicago. Disponível em: <http://artfl.uchicago.edu/cgi-bin/philologic31/getobject.pl?c.34:115:0.encyclopedie1108.978443>.

FÉNELON, François de Salignac de La Mothe .*Traité de l`éducation des filles*. Publié avec une introd. et des notes par Paul Rousselot. Disponível em: <http://visualiseur.bnf.fr/ark:/12148/bpt6k88313q>. Acesso em: 21 jan. 2009. p. 10.

IUS LUSITANIAE - Fontes Históricas do Direito Português. Disponível em: <http://iuslusitaniae.fcsh.unl.pt/>.

LA CHALOTAIS, Luis-René de Caradeuc de. *Essai d'éducation nationale ou plan d'étude pour la jeunesse*. Genève: Chez CI & Ant. Philibert, 1763. p. 6. Gallica. Bibliothéque nationale de France. Disponível em: <http://visualiseur.bnf.fr/CadresFenetre?O=NUMM-85404&I=1&M=chemindefer>. Acesso em: 23 fev. 2009.

LA SALLE, Jean-Baptiste de. *Les règles de la bienséance et de la civilité chrétienne*. Oeuvres Complètes. Disponível em: <http://www.delasalle.qc.ca/documents/107/Regles_de_la_bienseance.pdf>. Acesso em: 21 jan. 2009.

LOCKE, John. *Some thoughts concerning education*. Modern History Sourcebook. Tradução de Daniel Lima.Disponível em: <http://www.fordham.edu/halsall/mod/1692locke-education.html#Some%20Thoughts%20Concerning%20Education>. Acesso em: 13 fev. 2009.

ROUSSEAU, Jean-Jacques. *Considérations sur le gouvernement de Pologne et sur sa reformation projetée*. p. 17. Les classiques des sciences sociales. Université du Québec à Chicoutimi. http://classiques.uqac.ca/classiques/Rousseau_jj/considerations_pologne/considerations_pologne.pdf

Manuscritas

ACP-Ouro Preto/1o Oficio

AEAM/Testamentos

ANTT/Manuscritos da Livraria

ANTT/Ministério do Reino

ANTT/Real Mesa Censória

ANTT/Real Mesa Censória

ANTT/Tribunal do Santo Oficio/Inquisição de Lisboa

APM/Casa dos Contos

APM/Câmara Municipal de Sabará

APM/Seção Colonial/Secretaria de Governo

BGUC/Manuscritos

BNL/Coleção Pombalina

BNRJ/Coleção de Manuscritos

CBG/Cartório do Primeiro Ofício/Inventários e Testamentos

CBG/Cartório do Segundo Ofício/Inventários

CBG/Cartório do Primeiro Ofício/Justificações

Livro de Compromisso da Irmandade de Nossa Senhora da Boa Morte dos Homens Pardos de São João del-Rei. 1786.

Livro de Compromisso da Irmandade de Nossa Senhora da Boa Morte da Vila de Paracatu do Príncipe. Sem data. Arquivo Casa Borba Gato.

MRSJDR/Inventários

— Referências —

ABREU, Márcia (Org.). *Leitura, história e história da leitura*. Campinas,SP: Mercado de Letras, 1999.

ABREU, Márcia; SCHAPOCHNIK, Nelson (Orgs.). *Cultura letrada no Brasil: objetos e práticas*. Campinas, SP: Mercado de Letras, ALB; São Paulo: Fapesp, 2005.

ADÃO, Áurea. *Estado absoluto e ensino das primeiras letras:* as escolas régias (1772-1794). Lisboa: Fundação Calouste Gulbenkian, 1997.

ALGRANTI, Leila Mezan. Famílias e vida doméstica. In: SOUZA, Laura de Mello. *História da vida privada no Brasil: cotidiano e vida privada na América Portuguesa*. v. I. São Paulo: Companhia das Letras, 1997.

ALGRANTI, Leila Mezan. *Honradas e devotas:* mulheres na colônia. Condição feminina nos conventos e recolhimentos do sudeste do Brasil (1750-1822). Rio de Janeiro: José Olympio; Brasília: Edumb, 1993.

ALMEIDA, Carla Maria Carvalho de. Homens ricos em Minas Colonial. In: BICALHO, Maria Fernanda; FERLINI, Vera Lúcia Amaral (Orgs.). *Modos de governar. Ideias e práticas políticas no Império português, séculos XVI a XIX*. São Paulo: Alameda, 2005.

ALMEIDA, José Ricardo Pires de. *Instrução pública no Brasil (1500-1889): história e legislação*. São Paulo: EDUC, 2000. (Texto original publicado em francês, em 1889.)

ALVES, Gilberto Luiz. *Educação e História em Mato Grosso: 1719-1864*. Campo Grande: UFMS, Imprensa Universitária, 1984.

ANASTASIA, Carla Maria Junho. *A geografia do crime:* violência das minas setecentistas. Belo Horizonte: Editora UFMG, 2005.

ANASTASIA, Carla Maria Junho. *Vassalos rebeldes:* violência coletiva nas Minas na primeira metade do século XVIII. Belo Horizonte: C/Arte, 1998.

ANDRADE, Antonio Alberto Banha de. *A reforma pombalina dos estudos secundários (1759-1771): contribuição para a história da Pedagogia em Portugal*. Coimbra: Por Ordem da Universidade, 1981-1984.

ANDRADE, Antonio Alberto Banha de. *A reforma pombalina dos estudos secundários no Brasil (1769-1771)*. São Paulo: Ed. Universidade de São Paulo: Ed. Saraiva, 1978.

ARAÚJO, Ana Cristina. *A cultura das luzes em Portugal: temas e problemas*. Lisboa: Livros Horizonte, 2003

AZEVEDO, Fernando de. *A cultura brasileira: introdução ao estudo da cultura no Brasil*. Rio de Janeiro: IBGE, 1943.

BARBOSA, Waldemar de Almeida. *Dicionário Histórico Geográfico de Minas Gerais*. Belo Horizonte: Itatiaia, 1995.

BARBOSA, Waldemar de Almeida. *História de Minas*. Belo Horizonte: Comunicação, 1979. 2 v.

BATISTA, Antônio Augusto Gomes; GALVÃO, Ana Maria de Oliveira (Orgs.). *Leitura: práticas, impressos, letramentos*. 2. ed. Belo Horizonte: Autêntica, 2002.

BOSCHI, Caio César. *Os leigos e o poder: irmandades leigas e política colonizadora em Minas Gerais*. São Paulo: Ática, 1986.

BOTO, Carlota. *A escola do homem novo. Entre o Iluminismo e a Revolução Francesa*. São Paulo: UNESP, 1996.

BOURDIEU, Pierre. *Coisas ditas*. São Paulo: Brasiliense, 2004.

BOURDIEU, Pierre. *Le sens pratique*. Paris: Les Éditions de Minuit, 1980.

BRAGA, Teófilo. *História da Universidade de Coimbra nas suas relações com a instrução pública portugueza*. Lisboa: Typographia da Academia Real de Sciencias, 1892-1902.

BRIQUET, Raul. Instrução pública na colônia e no império (1500-1889). *Revista Brasileira de Estudos Pedagógicos*. v. II, n.4, out. 1944.

BRUGGER, Silvia Maria Jardim. *Minas patriarcal: família e sociedade (São João del Rei, séculos XVIII e XIX)*. São Paulo: Annablume, 2007.

BURKE, Peter. *História e teoria social*. São Paulo: Editora UNESP, 2002.

CAMBI, Franco. *História da Pedagogia*. São Paulo: Editora UNESP, 1999.

CAMPOS, Adalgisa Arantes. *A Terceira Devoção do Setecentos Mineiros: o culto a São Miguel e Almas*. Tese (Doutorado em História) – Universidade de São Paulo, São Paulo, 1994.

CAMPOS, Adalgisa Arantes. *Cultura barroca e manifestações do rococó nas Gerais*. Ouro Preto: FAOP/BID, 1998.

CAMPOS, Adalgisa Arantes. Irmandades mineiras e missas. *Varia História*, UFMG, n. 16, 1996.

CARDOSO, Tereza Maria Rolo Fachada Levy. *As luzes da educação:* fundamentos, raízes históricas e prática das aulas régias no Rio de Janeiro (1759-1834). Bragança Paulista, SP: Editora da Universidade São Francisco, 2002.

CARRATO, José Ferreira. *As Minas Gerais e os primórdios do Caraça*. São Paulo: Nacional, 1963.

CARRATO, José Ferreira. *Igreja, iluminismo e escolas mineiras coloniais (notas sobre a cultura da decadência mineira setecentista)*. São Paulo: Companhia Editora Nacional; Editora da Universidade de São Paulo, 1968. (Coleção Brasiliana, v. 334.)

CARVALHO, Feu de. Instrucção Pública: primeiras aulas e escolas de Minas Gerais (1721-1860). *Revista do Arquivo Público Mineiro*, Belo Horizonte: Imprensa Oficial, ano XXIV, v. 1, 1933.

CARVALHO, Laerte Ramos de. A educação e seus métodos. In: HOLANDA, Sérgio Buarque de (Dir.). *História Geral da Civilização Brasileira: a época colonial*. v. 2, t. 1. 6. ed. São Paulo: Difel, 1985.

CARVALHO, Laerte Ramos de. *As reformas pombalinas da instrução pública*. São Paulo: EDUSP Universidade de São Paulo; Saraiva, 1978. (A tese original é de 1952.)

CARVALHO, Rómulo de. *História do ensino em Portugal: desde a fundação da nacionalidade até o fim do regime de Salazar-Caetano*. Lisboa: Fundação Calouste Gulbenkian, 2001.

CATANI, Denice Bárbara; FARIA FILHO, Luciano Mendes de. Um lugar de produção e a produção de um lugar: história e historiografia da educação brasileira nos anos 80 e 90 – a produção divulgada no GT História da Educação. In: GONDRA, José Gonçalves (Org.). *Pesquisa em História da Educação no Brasil*. Rio de Janeiro: DP&A Editora, 2005.

CAVALCANTI, Irenilda R. B. R. M. O bom governo das Minas sob a ótica de Martinho de Mendonça (1736-1737). *Anais do XXIII Simpósio Nacional de História. História: Guerra e Paz*. Associação Nacional de História (ANPUH). Londrina: Mídia, 2005.

CERTEAU, Michel de. *A invenção do cotidiano: artes de fazer*. 2. ed. Petrópolis: Vozes, 1996.

CERTEAU, Michel de. *La culture au pluriel*. Paris: Christian Bourgois, 1980.

CHARTIER, Roger. *A história cultural: entre práticas e representações*. Lisboa: Difel, 1990.

CHARTIER, Roger (Org.). *Práticas da leitura*. São Paulo: Estação Liberdade, 1996.

CONDORCET, Jean-Antoine-Nicolas de Caritat, Marquis de. *Cinco memórias sobre a instrução pública*. São Paulo: Editora UNESP, 2008. p. 21.

CUNHA, Luiz Antonio. *O ensino de ofícios artesanais e manufatureiros no Brasil escravocrata*. São Paulo: Ed. UNESP: Brasília, DF: Flacso, 2000

CUNHA, Paola Andrezza Bessa Cunha. *E com nossas devotas assistências e demonstrações se edifiquem os mais cristãos*: educação moral e discurso pedagógico nas associações religiosas leigas (Minas Gerais, séculos XVIII e XIX). Dissertação (Mestrado em Educação) – Faculdade de Educação, UFMG, Belo Horizonte, 2007.

D'AZEVEDO, M. D. Moreira. Instrução pública nos tempos coloniaes do Brazil. *Revista do Instituto Histórico e Geográfico Brasileiro*, v. 2, n. 55, 1892.

DOSSE, François. *Paul Ricoeur, Michel de Certeau . L'Histoire: entre le dire et le faire*. Paris: Éditions de L'Herne, 2006.

ELIAS, Norbert. *O processo civilizador*. Formação do Estado e civilização. Rio de Janeiro: Zahar, 1993.

ELIAS, Norbert. *O processo civilizador*. Uma história dos costumes. Rio de Janeiro: Zahar, 1990.

FERNANDES, Rogério. *Os caminhos do ABC: sociedade portuguesa e ensino das primeiras letras – do pombalismo a 1820*. Porto: Porto Editora, 1994.

FERREIRA, Antonio Gomes. A educação no Portugal barroco: séculos XV a XVIII. In: STEPHANOU, Maria; BASTOS, Maria Helena Câmara. *Histórias e Memórias da Educação no Brasil*. v. I – Séculos XVI-XVIII. Petrópolis: Vozes, 2004.

FERREIRA, António Gomes. Idade de aprender e desencontros sobre o início da instrução das crianças do século XVIII. *Anais do I Congresso Luso-Brasileiro de História da Educação*. Porto: Sociedade Portuguesa de Ciências da Educação, 1998.

FIGUEIREDO, Luciano. *Barrocas famílias: vida familiar em Minas Gerais no século XVIII*. São Paulo: Hucitec, 1997.

FIGUEIREDO, Luciano. Mulheres nas Minas Gerais. In: PRIORE, Mary del. *Historia das mulheres no Brasil*. São Paulo: Contexto, 2000.

FIGUEIREDO, Luciano. *O avesso da memória*. Cotidiano e trabalho da mulher em Minas Gerais no século XVIII. Rio de Janeiro: José Olympio, 1993.

FONSECA, Thais Nivia de Lima e. História da Educação e História Cultural. In: FONSECA, Thais Nivia de Lima e; VEIGA, Cynthia Greive (Orgs.). *História e historiografia da educação no Brasil*. Belo Horizonte: Autêntica, 2003.

FONSECA, Thais Nivia de Lima e. Instrução e assistência na Capitania de Minas Gerais: das ações das Câmaras às escolas para meninos pobres (1750-1814). *Revista Brasileira de Educação*, v. 13, n. 39, set./dez. 2008.

FONSECA, Thais Nivia de Lima e. Segundo a qualidade de suas pessoas e fazenda: estratégias educativas na sociedade mineira colonial. *Varia Historia,* Belo Horizonte: Departamento de História, Programa de Pós-Graduação em História, FAFICH/UFMG, n. 35, mar. 2006.

FONSECA, Thais Nivia de Lima e. Trilhando caminhos, buscando fronteiras: Sérgio Buarque de Holanda e a História da Educação no Brasil. In: FARIA FILHO, Luciano Mendes de (Org.). *Pensadores sociais e história da educação*. Belo Horizonte: Autêntica, 2005.

FONSECA, Thais Nivia de Lima e. Um mestre na Capitania. *Revista do Arquivo Público Mineiro,* História e Arquivística, Belo Horizonte, ano XLIII, n. 1, jan./jun. 2007.

FRAGOSO, João; BICALHO, Maria Fernanda; GOUVÊA, Maria de Fátima (Orgs.). *O Antigo Regime nos trópicos: a dinâmica imperial portuguesa, séculos XVI-XVIII*. Rio de Janeiro: Civilização Brasileira, 2001.

FRAGOSO, Myriam Xavier. *O ensino régio na Capitania de São Paulo (1759-1801)*. Tese (Doutorado em História) – Faculdade de Educação, Universidade de São Paulo, São Paulo, 1972.

FREYRE, Gilberto. *Casa grande e senzala*. 31. ed. Rio de Janeiro: Record, 1996.

FRIEIRO, Eduardo. *O diabo na livraria do Cônego*. 2. ed. São Paulo: EDUSP; Belo Horizonte: Itatiaia, 1981.

FURTADO, Júnia Ferreira. *Chica da Silva e o contratador dos diamantes*: o outro lado do mito. São Paulo: Companhia das Letras, 2003.

FURTADO, Júnia Ferreira (Org.). *Diálogos oceânicos. Minas Gerais e as novas abordagens para uma história do Império Ultramarino Português*. Belo Horizonte: Ed. UFMG, 2001.

FURTADO, Júnia Ferreira. *Homens de negócio. A interiorização da metrópole e do comércio nas Minas setecentistas*. São Paulo: Hucitec, 1999.

GINZBURG, Carlo. *A micro-história e outros ensaios*. Lisboa: Difel, 1991.

GINZBURG, Carlo. *Mitos, emblemas, sinais. Morfologia e História*. São Paulo: Companhia das Letras, 1989.

GOMES, Joaquim Ferreira. *O Marques de Pombal e as reformas do ensino*. Coimbra: Instituto Nacional de Investigação Cientifica/Centro de Psicopedagogia da Universidade de Coimbra, 1989.

GOUVEIA, António Camões. Estratégias de interiorização da disciplina. In: MATTOSO, José (Dir.). *História de Portugal*. Quarto Volume. O Antigo Regime (1620-1807). Coordenador: António Manuel Hespanha. Lisboa: Editorial Estampa, 1998.

HANSEN, Joao Adolfo. *Ratio Studiorum* e politica católica ibérica no seculo XVII. In: VIDAL, Diana Gonçalves; HILSDORF, Maria Lúcia Spedo (Orgs.). *Tópicos em História da Educação*. São Paulo: EDUSP, 2001.

HÉBRARD, Jean. O autodidatismo exemplar. Como Jamerey-Duval aprendeu a ler. In: CHARTIER, Roger (Org.). *Práticas da leitura*. São Paulo: Estação Liberdade, 1996.

HÉBRARD, Jean. Três figuras de jovens leitores: alfabetizaçao e escolarizaçao no ponto de vista da História Cultural. In: ABREU, Márcia (Org.). *Leitura, história e história da leitura*. Campinas, SP: Mercado de Letras, 1999.

HOLANDA, Sérgio Buarque de. *Caminhos e fronteiras*. 3. ed. São Paulo: Companhia das Letras, 1995.

HOLANDA, Sergio Buarque de. *Raízes do Brasil*. 21. ed. Rio de Janeiro: José Olympio, 1989.

LEÃO, Andréa Borges. *Norbert Elias & a Educação*. Belo Horizonte: Autêntica, 2007. (Coleção Pensadores & Educação.)

LEITE, Serafim. *História da Companhia de Jesus no Brasil*. Lisboa: Portugalia; Rio de Janeiro: Civilização Brasileira, 1938.

LEVI, Giovanni. Sobre a micro-história. In: BURKE, Peter (Org.). *A escrita da História. Novas perspectivas*. 2. ed. São Paulo: Ed. UNESP, 1992

LIMA, Lauro de Oliveira. *Estórias da Educação no Brasil: de Pombal a Passarinho*. Brasília: Ed. Brasília, 1974.

LIMA JÚNIOR, Augusto de Lima. *A Capitania das Minas Gerais*. Belo Horizonte: Itatiaia; São Paulo: Edusp, 1978.

LOPES, Eliane Marta Teixeira; FARIA FILHO, Luciano Mendes; VEIGA, Cynthia Greive (Orgs.). *500 anos de educação no Brasil*. Belo Horizonte: Autêntica, 2000.

MAGALHÃES, Justino. Alfabetização e história: tendências e perspectivas. In: BATISTA, Antonio Augusto Gomes; GALVÃO, Ana Maria de Oliveira (Orgs.). *Leitura: práticas, impressos, letramentos*. 2. ed. Belo Horizonte: Autêntica, 2002.

MAGALHÃES, Justino Pereira de. *Alquimias da escrita: alfabetização, história, desenvolvimento no mundo ocidental do Antigo Regime*. Bragança Paulista, SP: Editora da Universidade São Francisco, 2001.

MAGALHÃES, Justino Pereira de. *Ler e escrever no mundo rural do Antigo Regime*. Um contributo para a história da alfabetização e da escolarização em Portugal. Braga: Universidade do Minho/Instituto de Educação, 1994.

MAGALHÃES, Justino Pereira de. Lire et écrire dans le Portugal d'Ancien Regime. *Paedagogica Histórica*. v. 36, n. 2, 2000.

MARCÍLIO, Maria Luiza. A roda dos expostos e a criança abandonada na História do Brasil (1726-1950). In: FREITAS, Marcos Cezar de (Org.). *História social da infância no Brasil*. 3 ed. São Paulo: Cortez, 1997.

MATOS, Raimundo José da Cunha. *Corografia histórica da província de Minas Gerais*. Belo Horizonte: Imprensa Oficial, 1981;

MATTOSO, José (Dir.). *História de Portugal*. Quarto Volume. O antigo regime (1620-1807). Coordenador: António Manuel Hespanha. Lisboa: Editorial Estampa, 1998.

MAXWELL, Kenneth. *Marquês de Pombal, paradoxo do Iluminismo*. 2 ed. Rio de Janeiro: Paz e Terra, 1997.

MENESES, José Newton Coelho. *Artes fabris e serviços banais: ofícios mecânicos e as Câmaras no final do Antigo Regime – Minas Gerais e Lisboa, 1750-1808*. Tese (Doutorado em História) – Universidade Federal Fluminense, Niterói, RJ, 2003.

MENESES, José Newton Coelho. *O continente rústico: abastecimento alimentar nas Minas Gerais setecentistas*. Diamantina, MG: Maria Fumaça, 2000.

NEVES, Guilherme Pereira das Neves. Constituições sinodais. In: VAINFAS, Ronaldo (Dir.). *Dicionário do Brasil Colonial (1500-1808)*. Rio de Janeiro: Objetiva, 2000.

NOGUEIRA, Maria Alice. *Elites economicas e escolarização um estudo de trajetorias e estrategias escolares junto a um grupo de familias de empresarios de Minas Gerais*. Tese (Professor Titular). Universidade Federal de Minas Gerais, Belo Horizonte: 2002.

NOVAIS, Fernando A. Condições de privacidade na colônia. In: SOUZA, Laura de Mello e. (org). *História da vida privada no Brasil: cotidiano e vida privada na América portuguesa*. v. I. São Paulo: Companhia das Letras, 1997.

OLIVEIRA Cláudia Fernanda de. *A educação feminina na Comarca do Rio das Velhas (1750-1800)*: a *constituição de um padrão ideal de ser mulher e sua inserção na sociedade colonial mineira*. Dissertação (Mestrado em História) – Faculdade de Educação, UFMG, Belo Horizonte, 2008.

PAIVA, Eduardo França. Leituras (im)possíveis: negros e mestiços leitores na América portuguesa. Colóquio Internacional: política, nação e edição. Belo Horizonte: Programa de Pós-Graduação em História/UFMG 2003.

PAIVA, José Maria de. Igreja e Educação no Brasil colonial. In: STEPHANOU, Maria & BASTOS, Maria Helena Câmara (Orgs.). *Histórias e memórias da educação no Brasil (séculos XVI-XVIII)*. Petrópolis, RJ: Vozes, 2004.

PASSOS, Zoroastro Vianna. *Em torno da história do Sabará. A ordem 3ª do Carmo e sua igreja; obras do Aleijadinho no templo*. Rio de Janeiro: Serviço do Patrimônio Histórico e Artístico Nacional, 1940.

PASSOS, Zoroastro Vianna. *Notícia Histórica da Santa Casa de Sabará (1787-1928)*. Belo Horizonte, 1929.

PINTASSILGO, Joaquim. O mestre como artesão/prático e como intelectual. In: MAGALHÃES, Justino; ESCOLANO, Agustín (Orgs.). *Os professores na história*. Porto: Sociedade Portuguesa de Ciências da Educação, 1999.

RAMOS, Donald. From Minho do Minas: the portuguese roots of the Mineiro family. *Hispanic American Historical Review,* v. 73, p. 639-662, nov. 1993.

REVEL, Jacques (Org.). *Jogos de escalas: a experiência da microanálise*. Rio de Janeiro: Ed. FGV, 1998.

REVEL, Jacques. Os usos da civilidade. In: ARIÈS, Philippe; CHARTIER, Roger (Org.). *História da vida privada. Da Renascença ao século das luzes*. 10. reimp. São Paulo: Companhia das Letras, 2004.

ROCHA, Fernanda Cristina Campos da. *Grupo Escolar Paula Rocha, Sabará-MG: o corpo docente e as reuniões pedagógicas na primeira metade do século XX*. Monografia (Graduação em Educação) – Faculdade de Educação, Universidade Federal de Minas Geais, Belo Horizonte, 2005.

ROGGERO, Marina. Éducation. In: FERRONE, Vincenzo; ROCHE, Daniel (Dir.). *Le monde des lumières*. Paris: Fayard, 1999.

ROMANELLI, Otaíza de Oliveira. *História da Educação no Brasil*. Petrópolis, RJ: Vozes, 1978.

ROMEIRO, Adriana; BOTELHO, Angela Vianna (Orgs.). *Dicionário Histórico das Minas Gerais*. Belo Horizonte: Autêntica, 2003.

ROUSSEAU, Jean-Jacques. *Considérations sur le gouvernement de Pologne et sur sa reformation projetée*. Les classiques des sciences sociales. Université du Québec à Chicoutimi. Disponível em: <http://classiques.uqac.ca/classiques/Rousseau_jj/considerations_pologne/considerations_pologne.pdf>. Acesso em: 25 fev. 2009.

ROUSSEAU, Jean-Jacques. *Emílio ou Da Educação*. São Paulo: Martins Fontes, 2004.

SANGENIS, Luiz Fernando Conde. Franciscanos na educação brasileira. In: STEPHANOU, Maria; BASTOS, Maria Helena Câmara. *Histórias e Memórias da Educação no Brasil*. v. I – Séculos XVI-XVIII. Petrópolis: Vozes, 2004.

SCARANO, Julita. Criança esquecida das Minas Gerais. In: DEL PRIORE, Mary (Org.). *História das crianças no Brasil*. São Paulo: Contexto, 2000.

SCOTT, Ana Silvia Volpi. *Famílias, formas de união e reprodução social no noroeste português (séculos XVIII e XIX)*. Guimarães: NEPS/Universidade do Minho, 1999.

SERRÃO, Joaquim Veríssimo. *Historia de Portugal*. Lisboa: Verbo, 1978.

SERRÃO, Joel. *Emigração portuguesa*. Lisboa: Livros Horizonte, 196-.

SILVA, Adriana Maria Paulo da. *Processos de construção das práticas de escolarização em Pernambuco em fins do século XVIII e primeira metade do século XIX*. Recife: Editora da UFPE, 2008.

SILVA, Diana de Cássia. *O processo de escolarização no Termo de Mariana (1772-1835)*. Belo Horizonte: Faculdade de Educação, Universidade Federal de Minas Gerais, 2004 (Dissertação de Mestrado em Educação).

SILVA, José Carlos de Araújo. *As aulas régias na Capitania da Bahia (1759-1827): pensamento, vida e trabalho de "nobres" professores*. Tese (Doutorado em Educação) – Universidade Federal do Rio Grande do Norte, Natal, 2006.

SILVA, Maria Beatriz Nizza da. A educação da mulher e da criança no Brasil colônia. In: STEPHANOU, Maria & BASTOS, Maria Helena Câmara. *Histórias e Memórias da Educação no Brasil*. Vol. I – Séculos XVI-XVIII. Petrópolis: Vozes, 2004.

SILVA, Maria Beatriz Nizza da. *História da família no Brasil colonial*. Rio de Janeiro: Nova Fronteira, 1998.

SILVA, Maria Beatriz Nizza da. *Sistema de casamento no Brasil colonial*. São Paulo: Edusp, 1984.

SILVEIRA, Marco Antonio. *O universo do indistinto: Estado e sociedade nas Minas setecentistas (1735-1808)*. São Paulo: Hucitec, 1997.

SOARES, Magda. Letramento e alfabetização: as muitas facetas. *Revista Brasileira de Educação,* Rio de Janeiro: Associação Nacional de Pós-Graduação e Pesquisa em Educação, n. 25, jan./abr. 2004.

SOUZA, Laura de Mello e. As câmaras, a exposição de crianças e a discriminação racial. In: *Norma e conflito: aspectos da História de Minas no século XVIII.* Belo Horizonte: Ed. UFMG, 1999.

SOUZA, Laura de Mello e. *Desclassificados do Ouro: a pobreza mineira no século XVIII.* Rio de Janeiro: Graal, 1986.

SOUZA, Laura de Mello e. (Org.). *História da vida privada no Brasil: cotidiano e vida privada na América portuguesa.* v. I. São Paulo: Companhia das Letras, 1997.

SOUZA, Laura de Mello e. Nobreza de sangue e nobreza de costume: ideias sobre a sociedade de Minas Gerais no século XVIII. In: *O sol e a sombra. Política e administração na América portuguesa do século XVIII.* São Paulo: Companhia das Letras, 2006.

TOBIAS, José Antônio. *História da Educação Brasileira.* São Paulo: Juriscredi, 1972.

VAINFAS, Ronaldo. *Micro-história: os protagonistas anônimos da História.* Rio de Janeiro: Campus, 2002.

VALADARES, Virginia Trindade. *Elites mineiras setecentistas: conjugação de dois mundos.* Lisboa: Colibri, 2004.

VASCONCELOS, Diogo de. *História antiga de Minas Gerais.* 4. ed. Belo Horizonte: Itatiaia, 1974. 2 v.

VEIGA, Cynthia Greive. A escolarização como projeto de civilização. *Revista Brasileira de Educação,* Campinas, SP: Associação Nacional de Pós-Graduação e Pesquisa em Educação; Editora Autores Associados, n. 21, set./dez. 2002.

VEIGA, Cynthia Greive. Pensando com Elias as relações entre Sociologia e História da Educação. In: FARIA FILHO, Luciano Mendes de (Org.). *Pensadores sociais e História da Educação.* Belo Horizonte: Autêntica, 2005.

VENÂNCIO, Renato Pinto. *Famílias abandonadas.* Assistência à criança de camadas populares no Rio de Janeiro e em Salvador – séculos XVIII e XIX. Campinas, SP: Papirus, 1999.

VIANNA, Hélio. A educação no Brasil colonial. *Revista Brasileira de Estudos Pedagógicos,* v. 5, n.15, set. 1945.

VIDAL, Diana Gonçalves. Michel de Certeau e a difícil arte de fazer história das práticas. In: FARIA FILHO, Luciano Mendes de (Org.). *Pensadores sociais e História da Educação.* Belo Horizonte: Autêntica, 2005.

VIDAL, Diana Gonçalves; FARIA FILHO, Luciano Mendes de. História da Educação no Brasil: a constituição histórica do campo (1880-1970). *Revista Brasileira de História,* São Paulo: ANPUH, v. 23, n. 45, 2003.

VILLALTA, Luiz Carlos. Educação: nascimento, "haveres" e gêneros. In: RESENDE, Maria Efigênia Lage de; VILLALTA, Luiz Carlos (Orgs.). *As Minas setecentistas*, 2. Belo Horizonte: Autêntica; Companhia do Tempo, 2007a.

VILLALTA, Luiz Carlos. Ler, escrever, bibliotecas e estratificação social. In: RESENDE, Maria Efigênia Lage de & VILLALTA, Luiz Carlos (Orgs.). *As Minas setecentistas*, 2. Belo Horizonte: Autêntica; Companhia do Tempo, 2007b.

VILLALTA, Luiz Carlos. O que se fala e o que se lê: língua, instrução e leitura. In: SOUZA, Laura de Mello e (Org.). *História da vida privada no Brasil: cotidiano e vida privada na América portuguesa*. São Paulo: Companhia das Letras, 1997.

VILLALTA, Luiz Carlos. Os clérigos e os livros nas Minas Gerais da segunda metade do século XVIII. *Acervo*. Rio de Janeiro, v. 8, n. 1/2, jan./dez. 1995.

Qualquer livro do nosso catálogo não encontrado nas livrarias pode ser pedido por carta, fax, telefone ou pela Internet.

✉ Rua Aimorés, 981, 8º andar – Funcionários
Belo Horizonte-MG – CEP 30140-071

☏ Tel: (31) 3222 6819
Fax: (31) 3224 6087
Televendas (gratuito): 0800 2831322

@ vendas@autenticaeditora.com.br
www.autenticaeditora.com.br

Este livro foi composto com tipografia Bembo e impresso em papel Chamoix Fine Dunas 80 g na Formato Artes Gráficas.